¿Por qué SOY como SOY?

Conecta con tu verdadera esencia

¿Por qué SOY como SOY?

Conecta con tu verdadera esencia

Laia Pastor Pié
Reyes Rodríguez Vázquez

Título: ¿*Por qué soy como soy?*
Autoras: Reyes Rodríguez Vázquez, Laia Pastor Pié.
Equipo BioTikún
biotikun@gmail.com

Edición y maquetación: 2019, Romeo Ediciones
Diseño de la cubierta: 2019, Romeo Ediciones

Primera edición: mayo de 2019
ISBN-13: 978-84-17781-45-3

La publicación de esta obra puede estar sujeta a futuras correcciones y ampliaciones por parte de las autoras, así como son de su responsabilidad las opiniones que en ella se exponen.

Quedan prohibidas, dentro de los límites establecidos por la ley y bajo las prevenciones legalmente previstas, la reproducción total o parcial de esta obra por cualquier medio o procedimiento, ya sea electrónico o mecánico, el tratamiento informático, el alquiler o cualquier forma de cesión de la obra sin autorización escrita de las autoras.

Nota a los lectores: Esta publicación contiene las opiniones e ideas de sus autoras. Su intención es ofrecer material útil e informativo sobre el tema tratado. Este libro se vende bajo el supuesto de que ni el autor, ni el editor, ni la imprenta se dedican a prestar asesorías o servicios profesionales legales, financieros, psicología u otros. Las autoras no se responsabilizan de las conclusiones que los lectores saquen del libro. No se da ninguna garantía respecto a la precisión o integridad de la información o referencias incluidas aquí, u tanto el autor como el editor u la imprenta u todas partes implicadas en el diseño de portada y distribución, niega específicamente cualquier responsabilidad por obligaciones, pérdidas o riesgos, personales o de otro tupo, en que se incurra como consecuencia, directa o indirecta del uso y aplicación de cualquier contenido del libro.

Puedes contactar con el equipo BioTikún en:

Biotikun@gmail.com

www.Biotikun.com

Facebook / Instagram @biotikun

Agradecimientos:

Queremos agradecer a todos los que nos han acompañado en la edición de este libro.

A nuestros guías que nos indican el camino y nos ayudan a tener las cosas claras y confiar en nuestro proyecto.

Agradecemos a nuestros profesores en general por ayudarnos en nuestro desarrollo espiritual.

A Nina Llinares por sus palabras y sus conocimientos transmitidos.

A Miguel Ángel García Gutiérrez por llegar a nuestras vidas como un ángel caído del cielo, formando una sincronicidad conjunta y darnos el empujón para hacer realidad nuestro sueño.

A vosotros, clientes confidentes, por confiar en nosotras y darnos la oportunidad de crecer y evolucionar juntos.

Y finalmente agradecemos lo más maravilloso que tenemos en este mundo, la vida.

Agradezco a mis padres ese amor incondicional sin pedir nada a cambio.

A mis hijos por ser mis mayores maestros. Y a mi marido, que me acompaña desde hace más de 20 años, por creer en mí y apoyarme hasta el final.

A Laia, mi compañera de viaje, socia y amiga, sin ti esto no hubiera sido posible.

"La Gratitud es el secreto de la felicidad"

Reyes

Doy las gracias a toda la gente que me quiere y me transmite su amor. Entre ellos familia y amigos. Los que están cerca y los que están lejos. Por supuesto, doy las gracias al universo por traer a mi vida a Reyes. Por todo lo que hemos aprendido juntas y por seguir evolucionando y compartiendo el camino.

A mi pareja, por acompañarme en lo bueno y en lo malo y aprender de la vida juntos. Unidos hacemos cosas perfectas. La más importante, nuestra hija, Chloe. Gracias, pequeña, por traer tanta luz a mi vida. Te amo.

Laia

"Sombras"

"Te miras y no te reconoces,
tus días se vuelven grises.
El miedo se apodera de ti.
Quieres escapar, pero tu sombra te encuentra.
Es el momento de hacerle frente.
No tienes que ser perfecto,
solo un ser completo.
No reprimas tus cualidades
solo porque las consideres imperfectas.
Ahora te ves, te reconoces.
Tomas conciencia y te liberas.
Los días dejan de ser grises.
Y tu alma vuela hacia el encuentro de su esencia."

BioTikún

Índice de contenidos

Prólogo – Nina Llinares 17
Prólogo – Miguel Ángel García Gutiérrez 19
1. Falsa Felicidad 21
   Paz 25
   Gratitud 28
2. Mi Historia, primera parte. L 33
   Despertar 34
   El camino 37
3. Mi historia, primera parte. R 43
   Crisis de identidad 44
   Pruebas del destino 45
   El camino 47
4. Despertar interno 49
5. Destino 53
   Sincronicidad 55
6. El poder de la mente 59
7. La Energía 61
8. Mi historia, segunda parte L 63
   Reflexión 63
   Un nuevo rumbo 65
   Conclusión 66
9. Mi historia, segunda parte. R 69
   Crisis de pánico 69
   Miedo a la muerte 71
   Cambio de consciencia 72

10. BioTikún 75
11. La Cábala 83
    La Filosofía de la cábala mística 84
    La cábala práctica 85
12. El Árbol de la Vida 87
    La personalidad 89
    El alma 91
    Espíritu 93
    Cuerpos sutiles 95
13. ¿Por qué soy como soy? 97
    Testimonios 100
14. Las emociones 105
    Gestión emocional 107
    Emociones y sus efectos en el cuerpo- 108
    La Ventana de Johari 111
15. Estudio de la práctica aplicada 115
    Numerología cabalística 115
    Ejercicios prácticos 116
    Vibración numérica personal 118
16. Los senderos 121

Prólogo – Nina Llinares

TIKÚN... Suena a un sonido familiar, de gozo, de alegría, de campanitas... felicidad del corazón. Porque es en el corazón donde está el plan del alma y el propósito de vida, de esta vida.

Desde hace tiempo deseaba leer un libro como este. Claro, directo, humano y poderosamente sencillo y eficaz.

Condiciones imprescindibles para que mientras disfrutes leyéndolo sientas que algunas piezas de tu puzle personal encajan, se iluminan... y mientras lees se dibuja una sonrisa de satisfacción en tu cara y en tu alma.

El libro que tienes en tus manos es un tratado de libertad. Encontrarás en él herramientas necesarias para desplegar las alas de tu corazón. Para conocerte más y mejor.

Sus autoras, dos mujeres valientes, transparentes, guerreras y humanas que se ponen a sí mismas como ejemplo, nos brindan a través de estas páginas, un método real de superación para enriquecernos y estimularnos verdaderamente en el camino certero y seguro hacia la llave de la felicidad: la paz interior.

Sus vivencias fortalecen nuestro poder personal para salir de la queja y responsabilizarnos de nuestra propia vida con gratitud, tomando consciencia de que cada experiencia vivida formaba parte de ese camino:

vivir sin pesos, sin pesares, de manera autentica, sin secretos ni misticismos, con el poder de la humildad y a corazón abierto.

Gracias, Reyes, gracias, Laia, por vuestra luz que nos permite alumbrarnos con luz propia.

Un honor leeros y sentiros.

Una gratitud inmensa por vuestra confianza.

Una bendición formar parte de un trocito del camino de vuestras vidas.

Gracias y Bendiciones

Nina

Prólogo – Miguel Ángel García Gutiérrez

Cuando nos preguntamos ¿Porque soy como soy? y no tememos una respuesta clara, puede que sintamos un vacío interno. **Conocerte a ti, es la forma de conectar con tu esencia,** para saber el rumbo que quieres tomar en la vida.

El árbol de la vida te invita a descubrir tu energía, a conocer tus propias emociones y cómo se relacionan con los demás. En definitiva, te permite ser más emocionalmente inteligente.

Si conectas contigo y descubres qué es lo que te motiva y cuáles son tus deseos, puede ser que tu felicidad vaya en aumento. La confusión en tu vida no permite ver con claridad los pasos a seguir.

Reyes y Laia nos acompañan en este camino de toma de consciencia, donde podrás reflexionar sobre tus luces y sombras, para seguir creciendo.

Sin duda alguna te invito a leer este libro y a realizar el árbol de la vida para tu autoconocimiento para ti y tus familiares.

Por tu VIDA.

MIGUEL ÁNGEL, autor del libro
CAMBIA TUS PENSAMIENTOS Y TE CAMBIARÁ LA VIDA

www.miguelangelgarciagutierrez.com

1

Falsa Felicidad

"No hay un camino a la felicidad, la felicidad es el camino."

Buda

Una simple palabra, felicidad. Qué bien suena, ¿verdad?

Nos pasamos la vida buscando la felicidad. Pero ¿sabes exactamente qué es? ¿En qué consiste? ¿Es un sentimiento? ¿Es una emoción?

Si tienes un enfoque equivocado de ella, la felicidad verdadera no llegará a tu vida.

Una emoción se transforma en sentimiento en la medida que uno toma consciencia de ella. La felicidad es un sentimiento, un estado emocional permanente.

Lo primero que debes hacer para comprender, ¿qué es la felicidad?, es un ejercicio de introspección. Mirar hacia dentro y hacerte las siguientes preguntas:

- ¿Qué significa para mí ser feliz?
- ¿En qué momentos de mi vida soy feliz?
- ¿Cómo vivo mi felicidad?

Es curioso cómo las personas definen este concepto. Cada persona tiene su propia definición de felicidad según su enfoque. Hay gente que cree ser feliz cuando se aleja de situaciones incómodas. Lo que en Programación Neurolingüística (PNL) se conoce como metaprogramas o estilos de elección. Hay gente que cree ser feliz cuando consigue un objetivo. Y cada uno lo vive con sus propias emociones, según sus vivencias y patrones heredados.

¿Por qué algunos son felices solo con observar un amanecer, y otros no pueden serlo a pesar de tenerlo todo?

Aprendemos a ser felices a partir de la experiencia, y en la forma en que nos enseñan, desde pequeños, a vivir la vida.

La felicidad depende de tu realidad. "Soy feliz cuando sonrío, y sonrío porque soy feliz". Es una cuestión de actitud.

Por lo tanto, nos encontramos delante de una palabra muy simple y a la vez muy compleja, en la que su significado depende del corazón que la siente.

Nosotras vamos a darte nuestra visión, que surge de nuestra experiencia vivencial más profunda, de la experiencia en formación emocional y de los resultados en nuestras terapias.

Veamos primero el significado de la palabra felicidad según el diccionario RAE "Real Academia Española":

Del latín *felicĭtas, -ātis.,*

1. f. Estado de grata satisfacción espiritual y física.

2. f. Persona, situación, objeto o conjunto de ellos que contribuyen a hacer feliz. *Mi familia es mi felicidad.*

3. f. Ausencia de inconvenientes o tropiezos. *Viajar con felicidad.*

A nuestro parecer, esta sería la definición de la *Falsa Felicidad*. La primera definición es la más acertada a la *Felicidad real*. Sin embargo, la palabra "satisfacción", la cambiaríamos por "Paz" espiritual y física. ¿Por qué paz? Nos centraremos en ello un poco más adelante.

Nos pasamos el tiempo buscando elementos u objetivos externos que nos hagan felices. Gastamos nuestra energía y nuestro tiempo real para llegar a tener aquello que creemos necesitar, nos ponemos una meta y al fin llega: la *Falsa Felicidad*.

"Uno de mis objetivos por los que luchaba y sufría era el de encontrar alguien para compartir mi vida. Mi gran amor. Y cuando llegó, parecía que todo era perfecto. Al cabo de solo unos meses, me daba cuenta de que, aun teniendo pareja, y sentirme realizada en este aspecto, seguía buscando la felicidad en otras cosas." L.

Lo vemos cada día en nuestras consultas. Tanta gente con el mismo objetivo, entre muchos otros. Siempre buscando afuera lo que debemos buscar en nuestro interior.

Satisfacción y felicidad. Dos sentimientos muy distintos que se confunden muy fácilmente.

Satisfacción es la sensación que experimentamos cuando conseguimos un objetivo. La satisfacción es muy breve. La felicidad está en el proceso, en el camino hacia este objetivo, no en el resultado.

La satisfacción sucede fuera de nosotros, es un sentimiento que surge al obtener lo que queremos.

La felicidad sucede dentro de nosotros, es un sentimiento de paz, de realización.

"Los seres humanos somos así, nos cegamos en algo y cuando lo conseguimos, y lo hemos disfrutado durante un tiempo, esta felicidad parece no ser suficiente, ya nos hemos acostumbrado. Siempre anhelando lo que no tenemos, esa carencia nos hace desviar de nuestro camino." R.

-Paz-

"Para tener paz interior debes practicar la compasión y el amor, además de comprender y respetar todas las formas de vida."

Dalai Lama

La paz interior es el sentimiento de bienestar que experimenta una persona que se siente bien consigo misma, tranquila y relajada a nivel interno. Esta paz es la meta de felicidad más importante, ya que, para tener relaciones personales saludables, previamente, uno debe sentirse bien consigo mismo.

La felicidad solo la encuentras en todo aquello que te proporciona paz interior.

Enfocamos nuestra mirada externa a lo que nos gusta, lo que creemos necesitar. Pensamos lo bien que nos sentiríamos si llegáramos a obtener ciertas cosas.

Debemos empezar a cambiar este punto de mira. Trabajar nuestra mirada interior. Desde los sentimientos y las emociones.

Si te fijas, hay situaciones en la vida en la que dos personas pueden vivirla de maneras muy distintas. Un ejemplo sería la llegada de una enfermedad. Hay personas que luchan y afrontan la enfermedad de una manera positiva y otras totalmente contrarias se deprimen y olvidan sus fuerzas para superarlo. Aquí entra en juego nuestra mente y cómo reaccionamos a los efectos externos.

Cuando empiezas a controlar tus emociones hacia lo que te sucede, cuando en vez de despertar tristeza, celos, resignación, melancolía, envidia, rabia... despiertas amor, comprensión, tranquilidad, respeto... entonces sientes paz. Y esta paz interior ante una situación es la que te trae a la vida la *felicidad real*.

Para controlar estas emociones, debes conectar con tu Yo interior, tu Ser, estar en el momento presente, conocerte exterior e interiormente. Todo ello te da bienestar y felicidad, logrando así tus objetivos. Esto se denomina vivir en Atención Plena.

Hay tres acciones importantes que debes conocer, comprender y entrenar para fluir en paz y harmonía.

- Lo que piensas (tu mente)
- Lo que dices (tus palabras y tu comunicación)
- Lo que haces (hechos y acciones)

Estas tres herramientas deben estar en concordancia. Y cada una de ellas se puede entrenar para encontrar tu paz interior.

Todo lo que piensas lo atraes. Tú creas tu propia realidad con tus pensamientos. Si entrenas la mente para cambiar los pensamientos negativos en positivos, notarás un gran cambio en ti mismo y en tu entorno. Cuando tú cambias todo cambia.

Para poder entrenar la mente, tienes diferentes técnicas de meditación, *mindfulness*, respiración, hacer ejercicio, el arte...

Cuando hablas, cuando usas el poder de la palabra, estás afirmando aquello que piensas. La palabra tiene un gran poder vibracional, la cual puede vibrar muy alto en positivo o muy bajo en negativo.

¿Tus palabras tienen concordancia con lo que piensas? Es de suma importancia que te des cuenta de ello. Y puedes entrenar tus palabras con mantras, con oraciones, con la metafísica, con hoòponopono...

Debes fijarte también en cómo te hablas a ti mismo. Las cosas que te dices mentalmente influyen directamente en tu estado de ánimo y activan el pensamiento negativo o positivo. Así que háblate como le hablarías a tu hijo o a tu mejor amigo. Siempre con cariño, estimación y mucho amor.

Según piensas y dices, haces. Tus hechos y acciones son reacciones espontáneas o meditadas. Depende de tu estado emocional, actuarás haciendo el bien o el mal. Tus acciones deben estar en armonía con lo que piensas y lo que dices. Actuar con fe, bondad y amor buscando el bien para ti y para los que están a tu alrededor te proporciona paz interior.

Todo lo que te proporciona paz es todo aquello que ante un acceso de ello no te es perjudicial.

Agradecer y bendecir es uno de los actos más profundos que te traen a tu vida paz interior, y con ello la felicidad.

-Gratitud-

"La gratitud es el secreto de la felicidad"
Cuando se agradece lo que se tiene, el universo te compensa.

Creces y te das cuenta de que gran parte de lo que nos rodea es una mentira. Mentiras o engaños. Despistándonos del camino. Nos manipulan la mente, y lo saben hacer muy bien. Encontramos anuncios de soluciones milagrosas para lo que queramos. Nos quieren vender productos que no necesitamos con anuncios repetitivos que vemos cada día en la televisión, en la calle, en revistas. Y ahora sobre todo en el mundo de las nuevas tecnologías, internet. Todo para el consumismo. Eslóganes manipuladores que van directamente a nuestra mente que hacen crecer necesidades innecesarias en nuestro interior.

"Una mentira repetida constantemente, acaba siendo percibida como una verdad."

De niños absorbemos todo lo que nos llega. No valoramos las palabras con maldad. Tampoco tenemos la capacidad de juzgar. Todo lo percibimos como verdades, como realidades. Así vamos formando nuestros patrones. Los que más adelante se convertirán en nuestras limitaciones.

"Crecer y darme cuenta del funcionamiento de la sociedad en la que vivimos me llenó de decepción, de desilusión." L.

La vida no es este producto creado, llamado "sociedad". La sociedad la manejan personas para su bien. Intentando ser unos mejores que otros. Buscando la diferencia social, económica y cultural. Sin darnos cuenta de que perdemos el valor fundamental de la vida. La unidad. Todos somos uno. Si esta sociedad siguiera las leyes universales, todo funcionaría a la perfección. Pero para esto, es necesaria la evolución de toda la humanidad.

Uno de los trabajos más importantes que puedes hacer para tu evolución es agradecer y vivir desde el amor.

La base de la gratitud es reconocer que las cosas buenas que hay en tu vida son la esencia de la felicidad.

Cuanto más agradeces, más situaciones atraerás para agradecer.

La gratitud da sentido al ayer, trae paz al presente, y crea una visión positiva para el futuro.

Dar las gracias te enfoca en el perdón. Cuando das las gracias ante una situación mala, estas agradeciendo la lección. Todo lo bueno te da satisfacción. Todo lo malo te ayuda a aprender y evolucionar.

Así que agradece y valora lo que tienes. Observa tu entorno. Da las gracias a todo y a todos.

Utiliza el poder de la palabra. La mente inconsciente crea la palabra y la palabra construye la realidad.

Para practicar el poder de la palabra te recomendamos repetir los siguientes mantras:

- Agradezco todo lo que tengo.
- Gracias a la vida que me inspira y me da la oportunidad de evolucionar diariamente.
- Gracias a la casa donde habito que me sirve de refugio y descanso.
- Gracias a la prosperidad y evolución que se abren delante de mi diariamente.
- Gracias a todas las personas que se cruzan en mi camino.

Un mantra es un conjunto de palabras de alta vibración energética. Si las repites varias veces, elevas tu vibración.

Laia Pastor Pié 27/11/1984

"Hay dos maneras de difundir la felicidad,
ser la luz que brilla o el espejo que la refleja."

Edith Wharton

2

Mi Historia, primera parte. L

Dedico esta historia a mi familia, especialmente a mi madre por darme y salvarme la vida. Grácies Mare.

Vivimos dormidos, siguiendo unos patrones que alguien ha inventado. ¿Quién? No lo sé, tampoco me interesa. Solo sé que llega un día en el que abres los ojos y te das cuenta de que el poder está en tu interior. Es el día de tu despertar. Y entonces tu camino empieza a tener sentido. Tú cambias, tu mirada cambia, todo cambia. Empiezas a vivir.

"Despertar"

Tengo 17 años. Estoy en mi habitación. Me veo detrás de la ventana, observando el cielo. Es un día aparentemente bonito. Brilla el sol, una pequeña brisa acompaña el danzar de los árboles. El cielo azul despejado y silencioso. Todo parece "normal". Esta es la imagen que llega a mis ojos, pero mi mirada interior recibe algo muy diferente. Mi percepción interna es la de un día gris. Nublado. Denso. Un ambiente cargado, como si se estuviera preparando para una gran tormenta.

Mi mente, incansablemente activa, hablando sin parar. Aquella voz interna que me perturba. Y los porqués... todas aquellas preguntas sin respuesta. Gritando y llorando por dentro. Por fuera, una mirada perdida. Inmóvil. Como quien descansa y observa tranquilamente.

Siento que no merezco disfrutar de este día. Que algo en mi interior me impide seguir adelante. Algo imposible de describir. Solo sé que dentro de mi cuerpo hay algo que me paraliza. Que me duele profundamente. Un dolor abstracto que me aterroriza.

Sin duda uno de los momentos más duros de mi vida. En mi cabeza unas palabras que se repiten una y otra vez. Si esto es la vida, ¿vale la pena seguir viviendo?

Necesitaba dejar de sentir. Dejar de sufrir por un instante. No podía seguir viviendo así. La única opción era acabar con todo. Cerrar los ojos, liberarme de todo dolor y al fin poder descansar.

Tenía muchas personas a mi alrededor. Pero yo me sentía completamente sola. Ellos también querían saber qué me estaba pasando. Me preguntaban esperando una respuesta, la respuesta que yo tampoco encontraba. Estaba completamente perdida.

Aquella noche, después de una de mis primeras crisis de ansiedad, entre lágrimas y agotamiento le dije a mi madre: Mamá, necesito que alguien me diga qué me está pasando. Y me dormí. Aquí estaba mi primera gran pregunta. "¿Qué me está pasando?"

Al día siguiente mi madre, la que me salvó la vida, removió cielo y tierra para encontrar alguien que nos ayudara. Yo estaba como en una nube. Seguía los pasos de mi madre como un perro perdido y desorientado. Las palabras me llegaban distorsionadas. Como si estuviera dentro de una burbuja. Una de las cosas que oí de lejos, de la boca de uno de los primeros médicos… "tiene anorexia, debemos ingresarla a un centro".

Por suerte, mi madre siguió buscando hasta encontrar una psiquiatra que dio con el problema.

"Estás pasando por una depresión". Aquí está. La respuesta a mi primera pregunta.

¿Una depresión? ¿Yo? ¿Por qué? ¿Qué la ha causado? Tengo una familia que me quiere. Unos amigos increíbles. A mi pareja a mi lado. ¿Cómo he llegado a tal sufrimiento?

Había puesto nombre a lo que me estaba sucediendo, pero ahora tenía otra pregunta aún más desconcertante. ¿Cómo había llegado a esta situación?

Al cumplir los 18 años tuve que cambiar de médicos. Ya era mayor de edad. Aquí mi madre ya no pintaba nada. De un día para otro todo cambió. Me trataban diferente. Algunos médicos solo tenían a punto su bolígrafo y su recetario para enviarme directamente en busca de más pastillas. Otros me escuchaban y me animaban a salir de aquel pozo. Algunos se atrevieron a decirme que debería tomar medicación permanente. Pero la respuesta a mi pregunta no llegaba.

Estoy otra vez en mi habitación, delante de la ventana. Algo ha cambiado. Estoy pensando en mi situación. La opción de acabar con todo ya no forma parte de mis pensamientos. Esto no es la vida. Me esperan muchas cosas increíbles, lo sé. No quiero sufrir más. Mi vida no dependerá jamás de un antidepresivo. Algo me dice que puedo, tengo que encontrar las fuerzas en mi interior. Las personas que están a mi lado me apoyan. Están allí para lo que necesite, pero tengo que ser yo la que empiece a levantarme y actuar. No sé cómo, pero voy a hacerlo. Lucharé con todas mis fuerzas para curarme. Tengo que salir de esta situación, y luego... luego ya buscaré las respuestas.

Viví dos años en el infierno. Logré salir de él. Y entonces desperté.

"El camino"

La depresión acabó, pero la ansiedad siguió en mí. Esta compañera de viaje que con los años conseguiría conocer y controlar. La que va despertando de vez en cuando en mi interior para recordarme que no puedo bajar la guardia.

Mi vida empezó a "normalizarse". No me gusta la palabra "normal". ¿Qué es normal?" Normal es lo que hace o piensa la mayoría. Y tienen su razón y su lógica.

La gente que sale de esta razón, ya no son "normales". Y para los que "no son normales" los extraños son los "normales". Qué caos. Yo era de los "no normales" para mucha gente. Pero no estaba incómoda con ello. Me gustaba no ser "normal".

Acabé los estudios y dejé atrás esta gente con la que no tenía nada en común. Aquellos "normales" que seguían los patrones. Empecé a rodearme de gente con la que me sentía a gusto de verdad.

Un cambio radical fue la peluquería. Una decisión difícil. En aquel momento "tocaba" ir a la universidad. Seguir estos patrones de los que hablaba al principio. Pero yo estaba cansada de libros. La universidad seria el lugar perfecto para muchos, pero no el mío. Estaba harta de hacer cosas que no resonaban en mí. Así que busqué una alternativa. Quería hacer algo artístico. En mí había una gran habilidad, desde muy pequeña, por la música, el dibujo… aquellas cosas que solo pueden ser un *hobbie*, algo a parte de los estudios. Escuché a mi corazón y busqué una profesión que dependiera de mi imaginación, de mis manos. Una profesión donde poder rodearme de gente y de alguna manera u otra ayudar a los demás. Sin saberlo empecé a seguir mi tikún.

Entrar en la peluquería fue un cambio radical. Esto era lo mío. Aquí me sentía realizada. Me encantaba ver mis manos en acción.

Otra parte, algo oscura para mí, también empezaba a despertar. Aún tenía un tema pendiente, que de vez en cuando volvía a mi cabeza. ¿Y todo aquel infierno? ¿De dónde salió?

Una tarde, volviendo del trabajo, me paré delante de un escaparate. Era como una tienda, pero no sabía exactamente de qué. Tenían unos cartelitos afuera con unos mensajes algo extraños y a la vez reconfortantes. Un olor a incienso que me daba una paz increíble.

Muchos días pasaba por delante, me fijaba en la decoración, sonreía y seguía mi camino. Este día, sin saber por qué, me paré y entré.

Siempre recordaré a Ana. La señora que me recibió en la entrada. Ella es la que me abrió la mente a todo este mundo espiritual. Me ofreció sentarme y me preguntó qué necesitaba. Le expliqué mi historia, mi infierno. Le comenté que de todo aquello me habían quedado muchas dudas. Necesitaba respuestas.

Ella, después de escucharme atentamente, pareció comprenderme perfectamente y con una voz muy dulce me recomendó hacer una terapia que me ayudaría en todo esto.

Fui a hacer la sesión. Me quedé alucinada de todo

lo que ocurrió durante aquellas dos horas. En un ambiente cálido y seguro. Donde todos mis miedos parecían haberse quedado fuera. Lo primero que me dijo: "Eres un ser con una gran luz, con un potencial espiritual muy elevado, conectada a la fuente". Unas palabras que me dejaron atónita, sin saber exactamente a qué se refería. Ana sabía cómo me sentía. En qué punto de mi vida me encontraba. Me describió perfectamente. Un péndulo la guiaba. En un primer lugar pensé que me tomaba el pelo. "¿Dónde me he metido?" "¿Qué estoy haciendo aquí?".

Salí desconcertada. Una paz nunca sentida me rodeaba. Al salir, tiré el papel en el que había apuntado todo lo que no quería en mi vida. Una gran liberación recorrió mi cuerpo, como un escalofrío. Me fui a casa y no expliqué nada de lo ocurrido.

Pasé unos días pensando en todo aquello. Volví con Ana y me apunté al curso de primer nivel de Reiki. No sé por qué. Algo me empujó a hacerlo.

Si la terapia fue desconcertante, el curso de Reiki lo fue aún más. Conexiones, energías invisibles que en teoría salían de mis manos… la primera vez que hablaba en serio con alguien sobre reencarnaciones, ángeles, tarot… Y no volví.

Estuve un tiempo intentando olvidar. Sentía miedo y curiosidad al mismo tiempo. No quería pensar en todo aquello, pero sin querer me venía a la cabeza cuando menos me lo esperaba. Y por alguna razón, allí donde iba, algo sobre estos temas venía a mí.

Al ver que no podía olvidar así, sin más, me planteé investigar. El primer libro que cayó en mis manos fue el de

Radiestesia, de Ricardo Luis Gerula. Allí empecé a comprender cómo funcionaba la primera terapia con el péndulo. Pero me seguía faltando información. Así que seguí con otro libro, *Energía, el poder del universo*, de Mónica Simone y Jorge Bertuccio. Y ya no pude parar. Estos temas desconocidos para mí hasta entonces. Unos libros que me absorbían. No me daba ni cuenta del tiempo. Los leía casi del tirón. En cada uno de ellos encontraba alguna respuesta a mis preguntas existenciales. Empecé a comprender de dónde vino la depresión. Que debemos buscar más allá, buscar la causa del problema, la raíz. Y la importancia que tiene el sentir, las emociones, los sentimientos.

Libros de los sueños, de las Flores de Bach, reflexología, de Metafísica… estos últimos los que más me apasionaban. La metafísica abrió un campo muy importante en mi mente. Libros como *Alquimia del alma, el poder del Yo soy* de Nina Llinares, los libros de Conny Méndez, o Louise Hay… Grandes escritoras y grandes referentes. Parte de lo que ahora soy se lo debo a ellas.

Leí y leí, informándome, formándome sin darme cuenta. Cada vez me gustaba más y más este mundo "de locos". Digo "de locos" porque cuando hablaba de ello con mi entorno, encontraba risas, caras de incredulidad… "vaya tonterías estás diciendo, no creas en todo esto" me decían. Dejé de hablar de ello, pero nunca dejé de creer y seguir este camino. Todavía ahora sigo encontrándome en situaciones algo difíciles de llevar. Opiniones distintas. Creo que deberíamos aprender a separar lo que es la espiritualidad de la religión. Porque todas las confusiones acaban en el mismo punto. El conocimiento que tiene mucha gente de Dios que proviene de la religión tal y como nos la han inculcado. La cuestión no es convencer a nadie de nada. No pretendo que nadie crea mis palabras así sin más. Yo tengo mi verdad. Lo he experimentado en mí y en mucha gente. Hablo desde mi experiencia y mi conocimiento. Y sobre todo mantengo un gran respeto por todas las opiniones y las creencias de cada uno, en su evolución personal y en sus necesidades. Si todo lo que hay en este libro te resuena, investiga por tu cuenta, y crea tu propia verdad. Compruébalo por ti misma.

> **"La forma más elevada de inteligencia humana es la capacidad de observar sin juzgar"**
>
> Jiddu Krishamurti

Hace mucho tiempo que dejé de escuchar a los demás. Dejé de seguir los pasos inculcados, para seguir los que me marca mi corazón.

Durante aquel tiempo recopilé mucha información. Debía de poner orden a todo lo aprendido. De experimentar por mí misma, de sentir.

Fue entonces cuando decidí seguir este camino y centrarme en mi formación.

Reyes Rodríguez Vázquez 22/6/1983

"Somos viajeros en un viaje cósmico, polvo de estrellas bailando en los remolinos y torbellinos del infinito. La vida es eterna. Hemos parado un momento para encontrarnos con los demás, conocer, amar, compartir. Este es un momento precioso. Es un pequeño paréntesis en la eternidad."

Paulo Coelho.

3

Mi historia, primera parte. R

Mi aniversario. 30 años. Para mí un día especial. Pero no especial en el sentido que todos pensamos. Justo en este momento afloraron todos mis miedos. Hubo un antes y un después en mi vida. Algo se despertó en mí.

Mi vida se había convertido en una rutina. Necesitaba un cambio rotundo. Encontrar de nuevo la ilusión. Todas mis sombras estaban a flor de piel. Sentía la necesidad de indagar. Mi alma acababa de despertar, llevaba años mandándome señales, pero entonces, yo estaba cegada en lo que quería conseguir y me perdí en lo que la vida me tenía preparado.

Empecé a buscar nuevos objetivos.

"Crisis de identidad"

Todos tenemos nuestra historia única y personal. Según donde has crecido, tus vivencias, tu entorno... y vas creando tu forma de ser.

Me inculcaron la importancia de tener una familia, un trabajo, una estabilidad. Desde que tengo uso de razón mi único y gran objetivo en la vida era ser madre. Y mientras iba creciendo, soñaba con esta vida perfecta, como en un cuento de hadas.

Con 20 años llegó a mi vida este gran objetivo. Mi hija, y al cabo de 2 años más mi segundo hijo. Mis grandes maestros de vida. Me dediqué en cuerpo y alma a ellos, olvidándome completamente de mí y de mis necesidades internas. Mis hijos crecieron a pasos agigantados. Llegaron al punto que yo ya no era imprescindible para ellos. Empezaban a volar y a vivir su vida. Entonces me sentí perdida. Sin rumbo. Mis hijos habían crecido, eran independientes, y mi papel de madre pasó a segundo lugar. Me encontré conmigo misma. No sabía por dónde empezar a retomar mi vida. Era el momento de un gran cambio.

"Pruebas del destino"

En el momento menos pensado la vida se te escapa de las manos, sin avisar. Pero lo que se cae hoy, mañana se levanta. En un primer momento parece que te vence, pero con un poco de suerte no te hunde. Se podría considerar una fuerte caída, pero no el final. Todas estas caídas son pruebas del destino. Pruebas que nos hacen más fuertes. Los cambios son necesarios, aunque a veces estos cambios vienen con grandes sacudidas.

Es difícil expresar mis emociones cuando recuerdo mi adolescencia. Marcada por una desgracia que despertó mis inseguridades, mis miedos. Ahora me parece una época vivida en un mundo irreal, llena de demonios. Es cuando empecé a vivir dentro de una coraza que me separaba del mundo en el que vivimos. Recuerdo esa tarde de invierno junto a mi mejor amiga. Hablando de nuestras cosas tranquilamente. De repente una llamada. Contesté. Y en un segundo mi vida dio un giro inesperado. Me quedé paralizada. Mi amiga preguntándome qué había pasado. El pulso se me aceleró a mil por hora, mi cuerpo empezó a temblar. No podía dar crédito a lo que estaba ocurriendo. ¿Un accidente? ¿Cómo? ¿Cuándo? Esta llamada destrozó mi vida, o así lo sentí en aquel momento.

Cuántas veces escuchas hablar sobre accidentes de tráfico. Sin pensar que un día, un accidente puede arrebatarte a tus seres más queridos. En este caso, me arrebataron a mi primer amor. De la peor manera que podía imaginar. Me dejó sin previo aviso, me encontré con un gran vacío en mi interior.

Me encerré en mi habitación, días y días. Encerrada en mi mundo. Con el alma rota.

Poco a poco, con el paso del tiempo logré recomponerme. Aprendí a vivir con ello. Porque algo así nunca se olvida, no hay palabras para expresar el dolor que queda en tus entrañas, no sé si es ese dolor el que te atormenta o quizás el no haber una despedida. Esto se queda grabado en tu corazón para siempre.

Nunca sabes en qué momento te puedes ir, o se pueden ir tus seres queridos. Fue un impacto muy grande, crecí de golpe, al igual que creció en mí ese miedo a la muerte que se aferró en mi interior.

No obstante, la vida no tuvo suficiente conmigo. De la misma manera que me impactó esta noticia, al poco tiempo llegó la siguiente.

Tan solo recuerdo una imagen grabada en mi mente. Sentada en el hospital. Un médico le estaba diciendo a mi mamá: "Quizás mañana, en el turno de visitas, ya no está."

¿Ya no está? ¿Quién?

Mi papá había sufrido un accidente casi mortal. Su recuperación fue un milagro. Por suerte él sí está aquí conmigo. A él no me lo podían arrebatar, a él no. Mi papá siempre ha sido mi lucero que ha alumbrado mi camino.

En aquel entonces, me surgieron muchas preguntas existenciales. Justo en esa etapa comprendí que en la vida había algo más, algo que al entendimiento del ser humano no se podía explicar. Mi papá vio esa luz al final del túnel, y yo estaba convencida de que era real.

"El camino"

Puedo decir, desde mi experiencia personal, que cuanto más bajo tocas es cuando empiezas a resurgir, te conviertes en ave fénix. Todas las experiencias te preparan para ser más fuerte.

Así que dejé mis miedos. Había llegado el momento de poner en marcha mi gran sueño. Seguí mi formación. Siempre me había fascinado el mundo de la magia, lo esotérico, la energía. Realicé cursos de crecimiento personal. Recuerdo uno en particular. Uno de los que más me marcó. Adquirí una total toma de conciencia. Fue un curso de metafísica, impartido por Nina Llinares, gran profesora y gran persona. En este curso aprendí a observarme, conocerme, valorarme, y prestar atención al mundo que nos rodea. Recuerdo sus cursos con gran admiración. Durante esta época de mi vida fue un gran referente para mí.

Adquirí un sinfín de herramientas terapéuticas. De todas ellas me especialicé en mi gran pasión. El tarot.

El ser humano tiene un concepto muy particular de las cartas. Gustan mucho o no gustan nada. Hay ese miedo infundado por las personas que no se toman en serio este oráculo. Yo te puedo decir, desde mi experiencia, que es una herramienta muy efectiva, si la utilizas como es debido. A mí me ayudo a conocerme y poder aceptar y transmutar todas mis sombras que tantos años habían estado dentro de mí, esperando a ser rescatadas. Si conoces tus debilidades y te aceptas con esa parte oscura que todos tenemos dentro, te haces más fuerte. Tu vibración se eleva. Me ayudó a conocer mi camino. Y después de ver lo que el tarot hizo conmigo, tenía la necesidad de compartirlo y poder ayudar a los demás.

Un día inesperado recibí una llamada. Esta vez una llamada positiva. Habían apostado por mí y salté al vacío. Empecé a ofrecer mis conocimientos en mi propia consulta de tarot. Eso me llevó a profundizar en las necesidades y carencias de las personas. Me di cuenta de que las personas vivimos prisioneras en nuestra propia cárcel. Una cárcel que nosotros mismos nos creamos para poder sentir que lo controlamos todo. Cada persona sumergida en su propia historia, pero todas tenemos algo en común. Nos mantenemos en la esperanza de que algún día podremos escapar de esta cárcel. Esta cárcel en realidad la resume una simple palabra, miedo.

En mi consulta no pretendo salvar vidas, pero sí conseguir que puedas mirar dentro de ti y conectar con tu propia alma. Conectar con tus necesidades internas, para poder vivir, desbloquear y entender tu presente.

Despertar interno

"Nadie se ilumina fantaseando figuras de luz, sino haciendo consciente su oscuridad."

Carl Jung

Las vivencias negativas de nuestras vidas nos ayudaron a llegar a una gran toma de conciencia, hacia el camino de un gran despertar.

No debes confundir despertar con Iluminación.

El despertar nace de nuestro interior más profundo. Es un impulso que sucede dentro de nosotros que nos lleva a responsabilizarnos de nuestra propia vida. Cuando hablamos de despertar espiritual no hacemos referencia a ninguna experiencia de poderes místicos, dones o milagros, como muchas personas creen.

La definición que para nosotras más se asemeja a la realidad del despertar es cuando hablamos del despertar de tu verdadero Yo, tu verdad de quién, y qué eres, con tus luces y tus sombras. Cuando alcanzas a percibir todos tus procesos internos.

Esto significa permanecer en autoobservación, unificando mente y alma para estar en plena armonía. Deshacernos del miedo y poder alcanzar la paz interior y dejar de buscar constantemente algo fuera de nosotros mismos.

Normalmente las personas piensan que cuando despiertas, se entra en un estado de éxtasis permanente. Por supuesto es una percepción muy equivocada. Despertar no es nada fácil, no sabes con lo que te vas a encontrar. En el proceso llegas a encontrarte con quien eres realmente y con lo que realmente quieres llegar a ser, y en ocasiones te puede sorprender el resultado y producirte un rechazo con el encuentro contigo mismo. Pero cuando despiertas te das cuenta de que todo tiene un sentido. Encuentras el verdadero camino y la luz que te guía hacia la plenitud.

"Si ya has despertado y ves cómo duermen los demás a tu alrededor, entonces camina de puntillas, respeta su sueño y descubre la perfección de sus propios tiempos, así como fueron perfectos los tuyos. Cuando ellos abran sus ojos, el fulgor de tu brillo les ayudará a despertar sin necesidad de que hagas nada.

Si aún duermes, relájate y disfruta tu sueño, estás siendo mecido y cuidado.

Despertar no es un acto de magia, aunque llena de magia tu vida.

Despertar no tiene nada que ver con el mundo externo, aunque todo lo que te rodea parece tener un nuevo brillo.

Despertar no cambia tu vida, si bien sientes que todo ha cambiado.

Despertar no borra tu pasado, pero al mirar atrás lo percibes como la historia de alguien muy querido que aprendió muchas cosas, pero sientes que ese alguien ya no eres tú.

Despertar no despierta a tus seres queridos, pero ellos se ven más divinos ante tus ojos.

Despertar no sana todas tus heridas, pero ellas dejan de gobernarte.

Despertar no te hace más popular, pero ya no volverás a sentirte solo.

Despertar no te embellece ante los demás, pero te hace perfecto ante tu propia mirada.

Despertar no te da más poder, pero descubres el poder que tienes.

Despertar puede que no disuelva los barrotes de tus cárceles, pero te da la libertad de ser tú mismo.

Despertar no cambiará el mundo, al menos de repente, pero te cambiará a ti.

Despertar no te quita responsabilidad, muy por el contrario, te da conciencia de las consecuencias de tus actos y elecciones.

Despertar no te hace tener siempre la razón, más bien ya no sientes la necesidad de tenerla.

Despertar es amarte a ti mismo, con tus límites y con tus experiencias, es amar al otro como parte de tu ser y es amar a la existencia.

Permítete disfrutar de la experiencia de ser ese Ser maravilloso que ya eres.

Tu vida es un Acto Sagrado pues es la creación del Dios que hay en ti, que eres tú".

DEEPAK CHOPRA

5

Destino

"El destino es el que baraja las cartas, pero nosotros somos los que jugamos"

William Shakespeare

¿Casualidad? Las casualidades no existen.

Somos seres sociables. Nuestro cerebro está programado para funcionar como miembros de un grupo social.

A lo largo de nuestra vida, nos vamos rodeando de muchas personas. Aquellas que se cruzan en nuestro camino están marcadas por nuestro destino. Unas están de visita y cuando cumplen su cometido se van. Otras se quedan acompañándonos en nuestro camino para siempre. Pero todas y cada una de ellas tiene su misión. Nos encontramos para aprender algo juntas, compartir un momento en concreto de nuestra evolución o para compartir nuestro camino.

Así fue nuestro encuentro. Cada una con su historia. Forjando unos caminos que tarde o temprano se cruzarían entre sí para seguir la misma dirección. Dos personas totalmente distintas. Con sus cualidades y sus sombras, como todo el mundo. Persiguiendo los mismos porqués, y llevando a cabo el mismo proyecto de vida.

"¿Por qué soy como soy?"

Esta pregunta nos ayudó a encontrarnos.

El día que nos conocimos no éramos conscientes de todo lo que el destino nos tenía preparado. Encajamos a la perfección. Como si de otras vidas nos conociéramos. Nuestras almas conectaron y poco a poco nos dimos cuenta de que solas éramos grandes, pero unidas podríamos hacer cosas extraordinarias.

-Sincronicidad-

"La sincronicidad es una conexión entre el individuo y su entorno, que en determinados momentos ejerce una atracción que crea circunstancias coincidentes"

Carl Gustav Jung

Carl Gustav Jung, figura clave en la etapa inicial del psicoanálisis, fue pionero de la psicología profunda. Trabajaba no solo con el consciente, sino que cualquier enfermedad debía ser diagnosticada a partir del inconsciente. Él lo llamaba "historia personal secreta". El experimento de asociación de palabras, que lleva su nombre, recuerda a una joven, a la cual le diagnosticaron esquizofrenia, y fue dada de alta catorce días después de tratarla con su método.

El inconsciente es el contenido mental que se encuentra fuera del conocimiento de la persona, oculto, escondido, que escapa de la consciencia y que está constituido por contenidos reprimidos como recuerdos, experiencias, sentimientos, etc...

Jung ha sido uno de nuestros referentes durante nuestros estudios sobre el funcionamiento de la mente y el inconsciente, y de sus efectos directos en nuestros actos y nuestra manera de ser. Relacionado con la parte de la personalidad, de la que hablaremos más adelante.

Seguro que te ha pasado alguna vez, una "coincidencia" mágica, una conexión... Aquellos momentos que parecen imposibles.

Estar pensando en alguien y de repente te llama por teléfono. Soñar con alguien que hace mucho tiempo que no ves y ese mismo día te lo encuentras en el lugar menos pensado. Mirar la televisión y un anuncio te da la respuesta sobre algo que estabas pensando... todo esto no son casualidades sino sincronicidades, hechos mágicos del universo.

La sincronicidad fue el comienzo de todo lo demás.

Cuando menos nos lo esperábamos, allí estábamos las dos sentadas escuchando hablar de la cábala. La ley del universo nos atrajo a este curso. No sabíamos exactamente por qué, pero algo nos decía que teníamos que empezar a formarnos en este nuevo mundo.

"Recuerdo un momento, al cabo de unos 15 minutos de haber empezado el primer día de curso. Laia y yo nos miramos con unos ojos como platos. ¡Dónde nos hemos metido!" R.

La cábala es muy extensa, tiene muchas vertientes. Y al principio cuesta de interiorizar.

"Se necesita toda una vida para aprender e integrar la cábala y todavía no habríamos terminado". Esas fueron las palabras de nuestro profesor nada más empezar. Y allí estábamos, escuchando esa filosofía, que respondía a muchas de nuestras preguntas. Al terminar las clases, salíamos con la cabeza aturdida. Con un gran trabajo por delante. Desglosar todo lo aprendido, entenderlo, interiorizarlo.

Nos pusimos manos a la obra. Escuchábamos una y otra vez los audios que habíamos grabado. Poco a poco fuimos entendiendo aquel mundo nuevo que nos fascinaba. Esta filosofía de la creación del universo. La creación del ser humano. La energía que nos impulsa a seguir nuestro proyecto de vida.

Entre todo el temario, y todas las vertientes que tiene la cábala, lo que más resonaba con nosotras era la parte en la que hablaba del análisis de la energía personal. Decidimos seguir investigando esta parte. Centrarnos y profundizar al máximo el estudio. Y ello nos llevó directas al *"Árbol de la Vida".*

6

El poder de la mente

"La mente es todo, te conviertes en lo que piensas"

Buda

¿Le damos importancia al poder que ejerce nuestra mente en nosotros?

Nos preocupamos de nuestro cuerpo físico. De nuestro aspecto, de nuestra forma física... pero ¿te preocupas también de cómo estás por dentro?, ¿aprender a reconocer nuestro estado interno y cómo influye tu mente en ello?

La mente es el resultado de ciertas actividades del cerebro como son el pensamiento, la conciencia, la memoria y la imaginación. Es nuestra percepción, las características del ser. Estas percepciones son procesos del estado mental.

El cerebro reúne información, razona y extrae sus propias conclusiones.

La mente y el cuerpo están interconectados. Nuestra mente es la encargada de definir como nos enfrentamos al mundo.

La mente puede ser tu peor enemiga o tu mayor aliada. La mente lo es todo, y te puede conducir a donde tú quieras. Las limitaciones mentales son consecuencia de las creencias.

Igual como ejercitamos nuestro cuerpo físico, podemos ejercitar nuestra mente.

Abre tu mente, actívala, ponla a trabajar y reprográmala, y aumenta tu frecuencia vibracional. Cuando te enfocas en una emoción negativa, expandes tu vibración negativa. Pero si te enfocas en una emoción positiva, tu vibración positiva se eleva.

"**Todo empieza con el pensamiento y eres libre para elegir.**"

Los pensamientos son la base de todo, si consigues modificarlos y realizar un trabajo personal, entonces puedes desatar todo tu potencial interno.

Para aprender a controlar la mente te recomendamos el libro *Cambia tus pensamientos y te cambiará la vida* de Miguel Ángel García Gutiérrez.

7

La Energía

"La energía no se crea ni se destruye, simplemente se transforma."

Mijaíl Lomonósov

Todos nuestros estudios nos han llevado a trabajar las terapias centrándonos en la energía. Al fin y al cabo, todo es energía. Y ella nos ayuda a transformar, a transmutar, a evolucionar.

La energía es la esencia de toda existencia en este planeta, y en toda la creación. De donde vienen tu ser y tu consciencia. Todo en distintas frecuencias vibracionales.

El cuerpo biológico, como sostén de nuestro ser, adquiere una energía más densa que las otras manifestaciones de vida.

Somos energía y podemos cambiar su vibración. Cada pensamiento o proyección mental es una partícula de energía en movimiento y responde a tu estado interno. Mientras más conectes con esta conciencia interna, más capacidad tendrás para transformar tus desequilibrios.

Cada movimiento energético tiene una respuesta. Según tus pensamientos, atraes una realidad u otra por correspondencia. Por lo tanto, sabemos que tu realidad es consecuencia de tus actos y tus pensamientos.

Así que si entendemos que es la energía y somos capaces de manejarla, nuestra consciencia se expande. Llevándote a construir un nuevo camino y una nueva realidad hacia una vida plena.

Los cuerpos energéticos, los canales de energía y las ruedas energéticas (chakras) están vinculados con nuestro centro físico, psicológico, emocional, mental y espiritual. Cada cuerpo tiene una vibración. Esa vibración será más sutil según tu nivel de conciencia. Cuanto más aumenta el nivel de consciencia, más se eleva tu energía.

Como ya hemos explicado, nosotras trabajamos con la energía. Y nuestras terapias, meditaciones, rituales... y nuestra especialidad, el Árbol de la Vida, son constelaciones energéticas. Una vez haces consciente tu energía y empiezas a cambiar tu vibración, todo cambia, todo empieza a fluir y entonces es cuando llega la transformación en tu vida.

8

Mi historia, segunda parte L.

"Reflexión"

He salido a pasear con mi hija. Justo ahora ha cumplido 6 meses. Está dormida y aprovecho para sentarme en este banco que le da el sol y conectar conmigo misma. Cierro los ojos y me nutro de esta energía renovadora. Qué bien me sienta…

Por unos instantes me parece estar completamente sola en medio de la ciudad. Pasados unos minutos, los sonidos de los coches, y de la gente pasar, vuelven lentamente a mis oídos. Abro los ojos y observo. La mayoría de la gente camina rápido, unos deben ir a trabajar, otros a buscar los niños al cole, cada uno con su historia, sus sueños, sus inquietudes… somos tan diferentes unos a los otros... pero todos tenemos algo en común, un objetivo primordial en la vida que nos mueve a impulsos. Todos buscamos la felicidad.

La mayoría de gente, y no digo todo el mundo porque no podemos generalizar en nada, pero sí hay un gran porcentaje de personas que vive deseando pasar el tiempo presente para que llegue un momento futuro de "felicidad". Por ejemplo, en el trabajo, un lunes, deseando ser viernes y que llegue el fin de semana. O esperando las vacaciones, una fiesta, un cumpleaños... yendo de un lado al otro, con prisas, estresados... yo era una entre esta multitud. Cuántos momentos presentes perdidos, ahora que lo pienso...

Con una sonrisa en la cara escondiendo mis preocupaciones, diciéndome a mí misma que no valgo, que los otros tienen más suerte, que a mí me ha tocado conformarme.

Todas las formaciones realizadas en terapias alternativas, pero sobre todo la metafísica y el Árbol de la vida me ayudaron a evolucionar, a comprender. A darme cuenta de lo que es realmente la vida. El último empujón me lo dio la llegada de mi hija. Mucha teoría sobre el *carpe diem*, aprovecha el momento... sí, lo sabía y creía aplicarlo.

La experiencia de ser madre me ha enseñado a vivir el presente.

"Un nuevo rumbo"

He luchado durante 3 años para conseguir ser mamá. Mucho, o poco para según quien me lea. He sufrido 3 abortos. Sintiendo un gran vacío en cada uno de ellos. La vida me daba aquello que tanto deseaba, y de la misma manera que llegaba, se marchaba. Hacer mi árbol de la vida me abrió los ojos. Descubrí en él mi tikún. Mis Karmas, patrones, herencias, maneras de actuar, maneras de pensar, el porqué de todo lo que soy y por qué soy como soy. Un trabajo personal que, junto a toda mi experiencia en el mundo espiritual, y todos mis recursos, pude trabajarlo y sanar. Comprendí que antes de seguir mi camino, debía limpiar y transmutar mi pasado. Hecho esto, al fin, llegó. Todo trabajo tiene su recompensa. La vida me trajo a mi hija, Chloe. Y con ella la claridad. Pudiendo aplicar toda es teoría.

Esta experiencia, la de ser madre, una de las mejores de mi vida, me ha abierto las puertas a formarme en educación emocional infantil. Para acompañar a padres y madres en esta etapa tan delicada, en la que sus hijos están formando su modelo de conducta y su sistema emocional, y que de ello dependerá su persona adulta.

Algo muy importante que he podido aplicar en esta etapa tan bonita de mi vida es vivir el presente. Valorar cada momento. Cada mirada. El silencio. El estar. Una caricia. Un segundo. Transformar los celos, envidias, rabia, resentimientos… a paciencia, amor, aceptación, comprensión… Conocerme, tener un tiempo de reflexión, hacer un trabajo personal. Un trabajo que no es fácil. Reconocer y aceptar mis puntos débiles. Todo esto es lo que me ha ayudado a encontrar la felicidad real a mi vida.

"Conclusión"

Conocerte y eliminar los patrones y pensamientos limitantes te acerca al día en que tú y el universo vais cogidos de la mano. Es entonces cuando empieza a llegar a tu vida todo lo que quieres tal y como lo quieres.

¿Vale la pena seguir fingiendo? ¿Seguir viviendo a contracorriente para conseguir lo que ya tenemos? La felicidad está en nosotros. En lo que hacemos. En cada segundo de nuestra vida. Es igual lo que nos rodee. Todo se une en un punto. Conocerte, conocer tu persona y conocer la parte más profunda de tu ser, tu alma. Y con ello comprender.

Espero de todo corazón que este libro, junto con mi experiencia personal, te ayude a ti y a otras personas, a buscar la luz, a despertar, a conocer tu alma, trabajarte y liberarte. Para ello estoy aquí, para enseñarte lo que he aprendido y comprobado en mí misma. Para que tú también puedas encontrar el camino hacia esa felicidad soñada.

9

Mi historia, segunda parte. R

"Crisis de pánico"

No recuerdo exactamente cuántos años tenía cuando mi primera crisis de ansiedad se apoderaba de mí. Pero aquel momento se quedó grabado en mí para siempre.

Mi cuerpo paralizado. Se me acelera el corazón, las manos me sudan, me cuesta respirar. Poco a poco empiezo a hiperventilar, soy consciente de que estoy sufriendo una crisis de ansiedad.

Me encuentro inmóvil dentro de un ascensor. Todo me da vueltas. Tengo la sensación de que mi corazón va a marchas forzadas. En cualquier instante me va a dejar de bombear. El ascensor se detiene. Tengo la sensación de haber estado horas subiendo. Mi cuerpo, poco a poco vuelve en sí. Se abren las puertas y salgo afuera. Vuelvo a estar en mi zona de confort.

Mi cabeza, mis pensamientos, no paran de dar vueltas. Mi mente me ha jugado una mala pasada.

Durante todo el día estuve pensando sobre lo ocurrido. Y entonces recordé aquel momento, aquella llamada telefónica, aquellas sensaciones de pánico.

Mi reacción ante aquella llamada fue la misma que la de dentro el ascensor. La ansiedad empezó allí. Aquel momento la despertó.

Estas sensaciones, que ya formaban parte de mí, volvieron más veces.

Ahora me encuentro en la parada del autobús, al finalizar una de mis clases, esperando para ir de vuelta a casa. Todavía me queda un buen rato antes de que mi línea de autobús llegue. Necesito ir al baño, no sé si voy a aguantar. Entro corriendo al baño. ¡Qué alivio, no hay nadie! pienso, y me dispongo a cerrar la puerta. De nuevo esa extraña sensación. Soy incapaz de cerrar la puerta. Mi cuerpo se vuelve a paralizar. Las manos me empiezan a sudar. Mi mente se vuelve a inundar de pensamientos negativos y repetitivos. Mi cabeza se empieza a preguntar ¿Y si no puedo abrir la puerta y me quedo encerrada?

Estoy en la estación de tren de Sanz. He venido a Barcelona a formarme. Me encuentro en las vías del tren. Para mí esto es una aventura, nunca he salido de mi zona de confort, de mi espacio. Tengo miedo a perderme. Está lleno de vías. Un tren hacia arriba, otro hacia abajo, anuncian uno, luego otro. Miro a un lado y al otro. La cabeza empieza a darme vueltas No sé qué tengo que hacer. Mi cuerpo de nuevo se paraliza. ¡¡¡Otra vez... no!!! Qué horror, empiezo a hiperventilar de nuevo...

Entonces es cuando empecé a ser consciente de que tenía un problema. Tenía una fobia, o muchas fobias, que en ocasiones limitaban mi vida. Estas crisis habían empezado a ser frecuentes en mi día a día. Quería encontrar respuestas. O más bien, tenía la necesidad de encontrar el porqué de aquellas situaciones, todas ellas distintas, pero con algo en común.

"Miedo a la muerte"

"Tu miedo termina cuando tu mente se da cuenta que es ella la que crea ese miedo"

Alejandro Jodorowsky

Mi primera formación fue los 3 niveles de reiki. Es curioso, con el tiempo veo que el reiki es una de las terapias por las que la gente empieza a introducirse en este mundo "mágico".

A mí, personalmente, el reiki me hizo crecer. Confirmar que hay mucho más. Aquello que yo ya sabía, que la vida no era solo un recorrido para crecer, reproducirse y morir, así sin más. Yo sabía que había todo un mundo para descubrir.

Allí entendí el mundo de la energía universal. Cómo poder utilizarla. El gran poder de nuestra mente. El destino me trajo allí. Me lo puso en el camino para comprender mis crisis de ansiedad. Todo lo que me ocurría estaba originado por mi mente. Ahora sabía cuál era la causa de la ansiedad. Había tenido muy cerca la muerte. El accidente de mi pareja. El accidente de mi padre... estas situaciones traumáticas en mi vida eran las causantes de toda la ansiedad. El miedo a la muerte, a sufrir como mis seres queridos, era el miedo reprimido en mi interior.

Entonces comprendí que el miedo no es real, es mental, que, si trabajaba mi mente, mi problema se podía solucionar.

"Cambio de consciencia"

Mi despertar llegó con mi cambio de consciencia.

Es difícil despertar en un mundo donde todos estamos dormidos. En este curso hallé respuestas a mi existencia. Esta filosofía ofrecía la creencia de que había algo más después de la vida, este mundo de las energías, el poder de la mente, el poder de cambiar, me fascinaba, quería saber más y más. Me encanta leer y siempre he sido una persona bastante autodidacta. Me compré unos libros que hablaban de estos temas. Quería profundizar más.

Comencé a entrenar mi mente, a liberarme de pensamientos negativos. Me repetía constantemente que, si algo me tenía que pasar, era porque ese sería mi día. Conformaba a mi mente, le daba un placebo. Ahora tenía la seguridad de que no debía preocuparme. Sabía que había algo más después de la muerte.

Empecé a tomar consciencia, y se produjo un cambio en mí. Las crisis empezaron a disminuir. Entonces me relajé, mi día a día ya no suponía un problema.

Y entre todas mis formaciones, llegó el Tarot. Una de mis grandes pasiones.

Ahora soy taróloga. Estoy orgullosa de mi crecimiento. Mi herramienta es el tarot terapéutico. Con ello oriento y ayudo en mis consultas a encontrar estos focos. De dónde vienen los problemas y cómo solucionarlos. También formo a otras personas a aprender a leer las cartas con mi método.

Mis cartas, mi tarot, me llevaron directa a la cábala. A descubrir mi otro mundo. El *Árbol de la vida*, junto a Laia. Y seguir nuestro camino formando un gran equipo.

10

BioTikún

"En busca de la misión del alma y el propósito de vida"

BioTikún nace de un sueño.

Seguimos nuestra formación y nos especializamos en cábala práctica. Teníamos en nuestras manos un producto muy bueno para el crecimiento personal, solo teníamos que profundizarlo y desarrollarlo.

Lo primero que hicimos fue aplicar el Árbol de la vida en nosotras. Experimentamos y observamos los resultados de esta terapia que, a través del método numerológico de Jaime Villarrubia, junto a nuestros conocimientos sobre cábala y energía, surgió nuestro método de analización.

Nuestra vida dio un giro. Nos ayudó a entender quiénes somos y por qué somos como somos. Trabajando nuestro Árbol nos pudimos liberar de nuestras sombras. Fue la manera de poder crecer, evolucionar y sanar para poder ayudar a los demás y acompañarlos en su camino.

Hablamos de sombras cuando nos referimos a la parte más oscura de nuestra alma. Es un encuentro con tu inconsciente. Aquella parte de tu personalidad que no siempre reconoces, que no está integrada, que esta oculta, pero que ejerce un efecto en nuestra vida. Las sombras están construidas por nuestras experiencias dolorosas, nuestros miedos más profundos y nuestras inseguridades. Todo ello nos crea grandes complejos.

"Encontrarte con tu propia sombra implica valentía para enfrentarte a ella, pero la experiencia es enriquecedora y liberadora." R.

Podemos decir que el *Árbol de la Vida* nos ayudó a comprender por qué somos como somos. Por qué actuamos o pensamos de tal manera. Nos ayudó a liberar los patrones que teníamos inculcados en nuestra mente. Los miedos se fueron perdiendo, y a nivel personal podíamos encajar nuestra historia y comprender que nuestros aprendizajes pertenecían a nuestro puzle de evolución.

Toda alma tiene su misión y su propósito de vida y las nuestras habían encontrado su camino, su tikún. Reconectar con nuestro ser infinito e ilimitado, esa era nuestra verdadera esencia, para seguir nuestro camino enfocado en las terapias como guías, autoayuda, evolución personal y *coaching*.

¿Qué venimos a hacer en esta vida? Es la pregunta más cuestionada, y la cábala nos enseña que todos tenemos un propósito que cumplir en esta vida. Nuestra alma tiene una misión concreta. Esta misión es la que se encargará de traernos a nuestra vida las experiencias concretas con las que aprenderemos y evolucionaremos con ellas. Aparte, nuestra persona tiene una misión de vida, que puede ir cambiando a lo largo de nuestra vida. Esta misión la encontramos en nuestros gustos, nuestros dones innatos, y lo que nos llama la atención y queremos aprender. Todo lo que nos llena, lo que nos hace sentir realizados.

Tanto la misión del alma como el propósito de vida forman parte de nuestro aprendizaje y evolución. Con el *Árbol de la vida* ponemos luz a toda esta oscuridad. En ocasiones nos sentimos atascados, confundidos, y solo necesitamos parar y escuchar lo que nuestra alma nos pide.

El Tikún, o propósito de vida, es la información oculta y sagrada de una persona. Tikún es una palabra hebrea que significa corrección o reparación de nuestra alma. El tikún revela las decisiones que tomamos en vidas pasadas y que deberíamos seguir en esta.

No aparecemos en este mundo por azar, aparecemos por una razón y esta razón es el tikún. La *cábala* te enseña que vienes con un equipaje, con unos gustos, una manera de hacer, una manera de pensar y actuar, aquello que te resuena, que te hace tilín, todo esto forma parte de tu tikún. Incluso aquello que te es incómodo, todas las personas de tu vida que te molestan, las que quieres incondicionalmente, todo ello forma parte de tu tikún.

Como ya te hemos explicado, las almas vienen para conseguir la corrección espiritual. Si te ha llegado nuestro libro a tus manos, es porque ahora es el momento. Tienes la herramienta para encontrar cuál es tu tikún y empezar a andar por el camino correcto.

Esta herramienta que desarrollamos con mucha dedicación, la empezamos a aplicar con nuestros seres más próximos. Era sorprendente ver cómo los estudios realizados definían las personas a la perfección. Aun sabiéndolo y haber comprobado en nosotras el resultado, nos seguían asombrando las conclusiones extraídas de la terapia con el *Árbol de la vida*. Esto nos ayudó a coger más experiencia y acabar de pulir nuestro método.

Algo tan maravilloso no podía quedarse aquí. Debíamos mostrarlo a todo el mundo.

Ahora nos dedicamos a impartir conferencias sobre el *Árbol de la vida personal método BioTikún*. Levantamos y analizamos árboles y con ello seguimos evolucionando.

También impartimos cursos, talleres, consultas de tarot, ceremonias, rituales, trabajando siempre con la energía, lo que llamamos constelaciones energéticas. Una constelación energética es una terapia que ayuda a identificar conflictos y bloqueos. Pone al descubierto los niveles más profundos de la mente. Allí es donde se aloja el bloqueo energético. Cuando haces consciente esta energía es cuando empiezas a sanar.

Otra especialidad son nuestras meditaciones guiadas y cantadas que realizamos en las ceremonias y rituales, para acompañarte en la búsqueda de las necesidades de tu inconsciente, y trabajarlo con actos psicomágicos.

La meditación es una práctica que te ayuda a conectar con tu ser. Llegar a un estado de entendimiento y visión clara que te ayuda a conectar con la sabiduría, equilibrio y sanación de forma natural. Con la meditación podemos llegar a observar nuestro estado emocional plenamente consciente, observar, comprender y poder reparar nuestras heridas internas. Aprendemos a estar en conexión con nosotros mismos y con el mundo que nos rodea. No significa dejar la mente en blanco, sino controlar tu mente, dejar ir los pensamientos que vienen, y concentrarte en lo que estás haciendo.

Un ritual es una serie de actos simbólicos, acompañados de palabras, y de los elementos necesarios para hacer una petición mágica. La magia actúa a través de la mente, a partir de un deseo personal en el que emitimos una energía. Lo creamos en nuestra mente. Le damos forma y sentido. Ponemos los ingredientes necesarios como el deseo, la fe, las ganas, la ilusión y la creatividad, y lo mezclamos todo con nuestra energía para conseguir un fin.

La psicomagia es una forma de terapia ultra avanzada. Es una respuesta al psicoanálisis. La psicomagia propone curar algo mediante actos que hablan directamente al inconsciente.

Nuestra misión como terapeutas es guiarte para encontrar la conexión con tu alma, lo más profundo de tu ser, para descubrir y dar luz a tus secretos más escondidos y así seguir el camino hacia tu evolución personal.

11

La Cábala

"Los cabalistas eligieron un lenguaje especial al que se le denomina "Lenguaje de las ramas". Nada sucede en este mundo que no tenga sus raíces en el mundo espiritual. Todo en este mundo se origina en el mundo espiritual y luego desciende."

Baal HaSulam

La palabra cábala significa recepción, recibir la tradición heredada y la luz de la sabiduría. Encontramos dos vertientes de la cábala, la cábala mística y la cábala práctica.

-La Filosofía de la cábala mística-

La cábala mística transmite las enseñanzas de la religión judía, la cual se encuentra en la Torah. Transmitiendo así una filosofía de vida. Durante muchos años esta sabiduría fue transmitida oralmente solo entre iniciados, en círculos de poder.

Se considera una sabiduría secreta. Es la sabiduría del corazón, un camino que nos enseña a regresar a la fuente original y entender la creación. Es una sabiduría ancestral que funciona como manual de instrucciones para contestar nuestras preguntas existenciales, pretendiendo revelar un saber oculto acerca del mundo y de la persona. Nos ayuda a conocernos a nosotros mismos y tomar conciencia de quienes somos. Nos conecta con nuestra esencia.

A través de la cábala la vida cobra sentido. Es una revelación del conocimiento de tu energía, que estaba dormida, en espera del despertar, para poder conectar con tu verdadera esencia, a través de tu conciencia.

La cábala te ayuda a ser consciente de tu proceso evolutivo.

¿De dónde venimos?

La cábala aporta que la raíz del todo se desarrolló porque un rayo de luz originó la nada.

El propósito de tu alma es la realización espiritual propia. Alcanzar el centro de la conexión entre nosotros para sentir la salida hacia la siguiente dimensión. La realización espiritual la conseguimos a través de la misión de vida, que no es otra cosa que lo que realmente te gusta hacer, tus potenciales innatos y las cualidades adquiridas por tus gustos.

El cambio más notorio en una persona tras el estudio de la cábala es empezar a sentir que el mundo está conectado, interconectado entre sí, como una célula que está conectada con todo el cuerpo y actúa para el bien del organismo. Empiezas a sentir como todos estamos interconectados.

Cuanto más entiendes y conoces la naturaleza y cumples sus leyes, mejor te sientes. Si vamos en contra de ellas, más golpes recibes.

-*La cábala práctica* -

La cábala práctica es la que nos guía en esta vida para tomar consciencia, comprender y reconocer nuestras actitudes y reacciones de nuestro inconsciente.

Para llegar a la realización del espíritu el alma necesita de varias vidas para aprender y evolucionar. La filosofía hebrea cree en la reencarnación. Se necesitan muchas vidas para aprender estas tareas personales que hacen que tu vibración energética se vaya elevando.

La cábala práctica nos ayuda a encontrar las respuestas del aquí y el ahora. El porqué de la vida en la que nos encontramos. Y estas respuestas las encontramos en nuestro árbol de la vida personal.

12

El Árbol de la Vida

"Lo que niegas te somete, lo que aceptas te transforma."

Carl Gustav Jung

Imagina que estás dentro de un gran juego. Un juego en el que hay varias pantallas que debes superar para llegar al final de la partida. El objetivo de este juego es llegar a la evolución máxima, a ser un alma pura.

Cada pantalla representa una vida terrenal. En cada una tienes unos objetivos que debes completar. Unos obstáculos para aprender de ellos. Tienes unos potenciales que te ayudan a superar las dificultades a lo largo de toda la partida. Hay unos karmas que son pruebas que no has superado en la pantalla anterior y se te repiten en esta.

Todo esto forma parte de las instrucciones del juego.

¿Puedes jugar sin las instrucciones? Por supuesto. Puedes aprender durante la partida. A medida que vas jugando vas descubriendo el camino. Pero este camino se te puede hacer muy largo. Es más fácil si conoces las instrucciones del juego.

El Árbol de la vida nos revela estas instrucciones. Funciona como un mapa de tu energía donde puedes descubrir la respuesta a la pregunta ¿por qué soy como soy?

El árbol es como una fotografía de ti misma, en la que, además de ver tu apariencia física, o incluso tus emociones en tu expresión, reflejadas en ella, también puedes ver la personalidad, el alma y el espíritu.

Para poder construir el Árbol de la vida, es de gran importancia tu nombre, tus apellidos y tu fecha de nacimiento. Estos datos los trabajamos con la numerología, dando un valor particular a cada letra. Cada letra desprende una vibración única. Y su conjunto nos da las respuestas.

Nuestro nombre, el que nuestros padres intuitivamente nos han puesto al nacer, desprende una vibración. Esta vibración nos acompañará durante toda nuestra vida y ella nos afecta de diferente manera a cada uno. Los apodos también son muy relevantes. Igual que nuestro nombre siempre tendrá una vibración, cuando nos ponen un apodo, y nos lo repiten muchas veces, este nos transmite otra vibración que afecta directamente a nuestra energía.

Los apellidos también nos transmiten una vibración. En este caso es la vibración heredada de nuestros padres. Toda vibración nos empuja a ser de una manera concreta. Y ello influirá en nuestra personalidad.

Dependiendo de la vibración, de la sonoridad del nombre, nos comportaremos de determinada manera. Y toda esta vibración queda grabada en nuestro subconsciente.

La fecha de nacimiento tampoco es cuestión de azar. Al nacer no solo recibimos herencia genética de nuestros padres y familia, sino que también recibimos la vibración energética de la fecha exacta en la que decidimos despertar en este mundo.

Otro tipo de energía es la que queda registrada no solo en palabra, sino la que registramos escrita formalmente. En el momento en que nos inscribimos en el registro civil, con un nombre y una fecha, estamos reafirmando la energía y la vibración en la que trabajaremos toda nuestra vida terrenal.

-La personalidad -

Hablamos de personalidad cuando queremos describir cómo es una persona. Pero ¿de dónde sale? ¿Cómo se forma?

La personalidad es un conjunto de características o patrones que definen a una persona. En ella incluimos los pensamientos, sentimientos, actitudes, hábitos, conductas, reacciones... cada una particular y diferente a todas las demás.

Nacemos con una personalidad concreta, una conexión con nuestro ser que, a medida que crecemos y vamos interactuando con otras personas, va cambiando. En nuestra personalidad influyen muchos factores. Enseñanzas recibidas, la educación, el entorno social donde vivimos, patrones heredados... Desconectándonos de nuestra esencia.

Para entender más esta parte, nos centraremos en esta desconexión.

Al nacer nos vamos llenando de etiquetas. Religiones, creencias, ideas. Y conforme van pasando los años, vamos formando nuestra personalidad y creamos nuestra percepción de la realidad, nuestra verdad.

Es difícil expresar lo que hay escondido detrás de esta verdad. Detrás de tu verdad se encuentra tu esencia verdadera.

Es tan tuya esta verdad, que ya forma parte de ti. De tu personalidad. Pero no es real. En lo más profundo de tu ser se encuentran emociones enquistadas deseando ser liberadas. Para ello, debemos encontrar nuestra esencia y volver a conectar con ella.

¿Qué es la esencia?

Es aquello que está en uno mismo desde el inicio. Aquello que no varía. Siempre ha estado en nuestro interior, dormida, hasta que despertamos y la dejamos salir.

Nos permite vivir conscientemente todo lo que nos ocurre, ser conscientes del aquí y ahora.

Estar conectado te proporciona un cambio en todos los planos de tu ser, alineándote con el universo.

El primer paso para conectar con tu esencia es cuestionar todas tus creencias. Hacerte unas preguntas:

¿Cuáles son mis creencias?

¿Cuáles son mis limitaciones a través de estas creencias?

¿Cuáles son mis miedos?

Tómate el tiempo que necesites, pero sé honesta contigo misma. Conecta con tu yo superior y haz caso a tu intuición.

Otro consejo que te damos es que intentes evitar las relaciones con personas que te resten energía. No discutas, no pierdas tiempo ni malgastes energía. Empléala en lo que te haga sentir bien.

-*El alma* -

El término "alma" se refiere a una entidad abstracta, considerada la parte inmaterial del cuerpo. Se le atribuye la capacidad de sentir y pensar. Es la parte espiritual e inmortal del ser humano, que trasciende tras la muerte del cuerpo físico.

Nuestra alma llega a este mundo con una información específica que tiende a comportarse de una manera u otra por su propósito de vida. Su Tikún. Podríamos definir el alma como un mapa psíquico.

Entre lo que crees que eres, y quien de verdad eres, hay un camino de observación, de descubrimiento y de despertar.

El tikún, o la misión del alma, es como un puzle que tenemos que montar pieza a pieza. Donde debemos encontrar nuestro sitio. Conociendo y entendiendo la misión de vida, podemos comprendernos, conocernos y aceptarnos tal y como somos. Y hacer crecer, y evolucionar nuestro ser a través de experimentar vida tras vida. Experiencia tras experiencia.

En cada encarnación, el alma adquiere un cuerpo, y desarrolla una personalidad nueva. Empezamos de cero. Sin embargo, en nuestro subconsciente está guardada toda la información.

El cuerpo nace y muere. El alma es inmortal. Va asimilando todas las experiencias de la vida, como lecciones de aprendizaje, para seguir nuestra evolución.

La realización espiritual se consigue a través de las experiencias materiales. La evolución debe tener lugar en el mundo material. Y para ello tenemos un cuerpo físico y una personalidad. Y así poder vivir las experiencias materiales. Para el alma, las experiencias materiales son muy valiosas. Son las que le permiten adquirir la comprensión y el desarrollo.

Alma: chispa divina (traje del espíritu)

Espíritu: esencia divina del ser.

-*Espíritu* -

El espíritu es la parte espiritual o mental de la humanidad. Se refiere a una fuerza invisible. A la chispa divina. A lo que infunde vida al cuerpo, pues sin él, estaríamos muertos.

El espíritu da luz e información al alma. Le da el libre albedrío. El espíritu se manifiesta a través de nosotros.

Considerada la parte inmaterial, la que no tiene cuerpo o manifestación corporal que, junto con el cuerpo físico, constituye el ser humano.

Se le atribuye la capacidad de sentir y pensar.

Tanto el alma como el espíritu eran considerados el lugar donde vibran los sentimientos. El espíritu también puede ser sinónimo de carácter. El principio que impulsa el ánimo o la fuerza natural.

El Espíritu, a diferencia del alma, que es individual, es considerado universal. Es la herencia divina de nuestro ser, donde reside la fe, la esperanza y el mundo espiritual. Es el principio o soplo vital.

-Cuerpos sutiles -

Llamamos cuerpos sutiles a los cuerpos que no son físicos, los que tienen diferentes niveles de conciencia. Encontramos el cuerpo etéreo, el cuerpo astral, el cuerpo mental y el cuerpo casual.

Los conjuntos de estos cuerpos corresponden a los niveles de pensamiento, emoción, actuación y consciencia, y el conjunto se denomina personalidad. Pensamos porque tenemos un cuerpo mental, sentimos porque tenemos un cuerpo astral, y actuamos porque tenemos un cuerpo físico, y a través de estos cuerpos o aspectos del ser, el hombre evoluciona a través de experimentar estos planos según nuestra conciencia o percepción.

- El cuerpo etéreo es el cuerpo vital, el de más baja vibración. Es el único cuerpo que muere después del cuerpo físico. Se proyecta a través del primer chakra y nos protege de las enfermedades. Este cuerpo se debilita a través de los pensamientos negativos.

- El cuerpo astral el que gestiona los sentimientos y las emociones. Según nuestro estado de ánimo, el cuerpo astral emite y atrae determinadas situaciones y energías, y esto repercute a nuestra salud física.

- El cuerpo mental se encarga de nuestra mente, ideas y pensamientos. Está condicionado por nuestras emociones y de nuestras actuaciones. Si esta energía está bloqueada no permite que llegue la intuición. Nuestra conexión con la sabiduría universal llega a través del cuerpo causal.

- El cuerpo causal es el cuerpo espiritual inmortal, y nos acompaña en cada vida. Esta manifestación nos lleva a integrar el amor y resolver las emociones que condicionan nuestra mente. Es el encargado de liberarnos de las emociones y pensamientos que nos alejan de nuestra naturaleza, acercándonos a una vida plena y sin prejuicios. Nos permite estar en conexión con nuestra voz interior. En el cuerpo casual es donde encontramos las experiencias de vidas pasadas o las lecciones aprendidas que se van acumulando en el cuerpo actual.

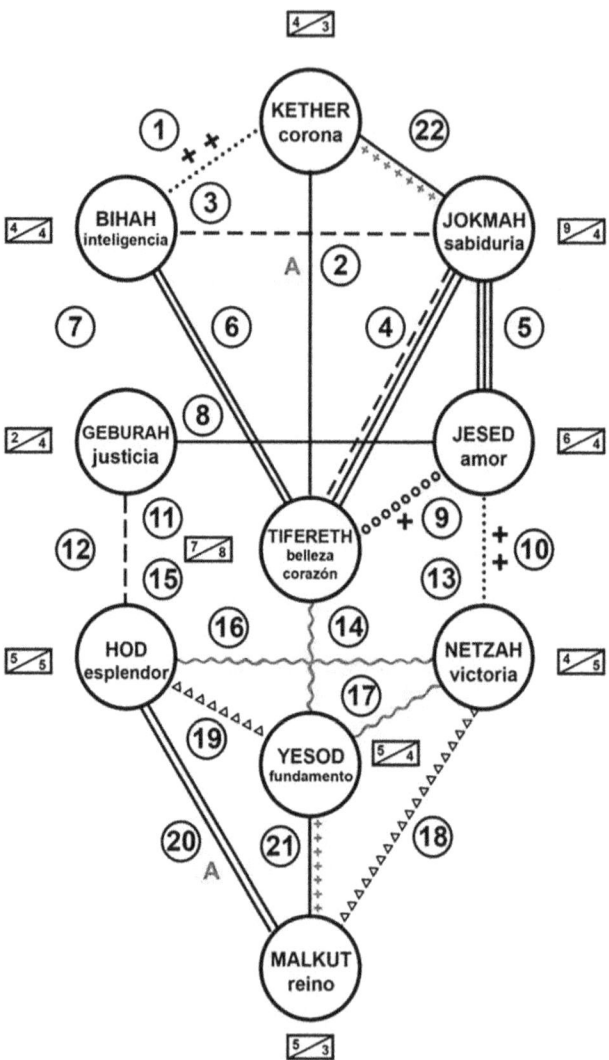

Ejemplo de esquema del Árbol de la vida Personal Analizado

13

¿Por qué soy como soy?

"No vemos las cosas como son, vemos las cosas como somos."

Anaïs Nin

El Árbol de la vida refleja tu energía personal que traes al nacer y que te acompañará durante toda tu vida terrenal.

El esquema del árbol representa una especie de mapa, donde podemos ver el recorrido de tu energía. El inicio de todo.

El Árbol de la vida está formado por 10 esferas visibles, las sefierots, y 22 senderos de aprendizaje. Podríamos entrar en más detalle y ver otros planos, pero en este libro vamos a centrarnos en la base de la cábala práctica. La que nos da las herramientas para realizar el estudio de la energía personal. Los senderos están relacionados con los 22 arcanos mayores del tarot. Nos ayudan a explorar nuestro propio camino y nuestros aprendizajes ante la vida. Nos hace tomar consciencia de las diversas fuerzas que influyen en nosotros. Dependerá de nosotros, de cómo utilicemos esta energía día a día, para llegar a realizar un salto quántico.

Si observamos el esquema en vertical, veremos las polaridades. La parte izquierda es la parte mental, lógica, de leyes. La parte derecha es la artística, emocional. Y la parte de en medio es el equilibrio entre los opuestos. Aquí encontramos el concepto de la dualidad. Encontramos la dualidad en distintos aspectos de nuestra vida. Arriba y abajo, frío y calor, amor y odio, bueno y malo, etc... en el árbol de la vida también encontramos estos opuestos. En nuestros aprendizajes, estas pruebas a superar que cada uno tiene, la persona se encuentra en desequilibrio. Se encuentra en un extremo. Para repararlo, inconscientemente nos vamos al otro extremo. Pero la harmonía se encuentra en el equilibrio, la parte media entre extremo y extremo.

Todas las líneas que vemos dibujadas reflejan el recorrido de la energía. Esta entra por Kether. La parte más espiritual. Y va bajando y distribuyéndose por todo el árbol hasta llegar a Malkut. En Malkut encontramos la parte terrenal. El aquí y ahora. Donde la energía se manifiesta a través de nosotros. Todos tus actos, pensamientos, ideales, tus manías, miedos, límites, potenciales, karmas, puntos fuertes, puntos débiles, la manera de actuar, de pensar y de hacer. Todo lo que eres, tu esencia, depende de la distribución de tu energía en el árbol.

Cada persona tiene un dibujo único y personal. Y con el estudio podemos responder la pregunta "¿Por qué somos como somos?".

¿Por qué a unos les gusta más la montaña y a otros la playa? ¿A unos les gusta vestir de rojo y a otros de negro? Gente más artística, otros de mente más analíticas. Cada uno con sus cualidades y sus defectos. Unos se llevan mejor con la madre, sin embargo, otros tienen conflictos con la relación materna. A veces repites siempre los mismos errores. Hay quien no sabe poner límites, no saben tomar las riendas de su propia vida. Todo depende del itinerario de la energía. De tu mapa energético. Con tu Árbol de la Vida aprenderás a conectar con tu energía y a seguir el camino que ella te indica para llevar a cabo tu proyecto de vida.

Cuando una situación se nos repite una y otra vez, la vida nos marca un aprendizaje a realizar. Estos aprendizajes los podemos trabajar con el Árbol, ya que vemos dónde se reflejan en él.

El árbol también muestra los karmas, los bloqueos y los miedos. Estos puntos son los grandes aprendizajes que traemos, y conocerlos te ayudará a fluir en harmonía. Si no los trabajamos, estos puntos pueden producir enfermedades a nuestro cuerpo físico.

Todos estos puntos no son buenos ni malos. Simplemente son así para poder llevar a cabo tu propósito de alma y tu misión de vida.

El Árbol de la vida te da conocimiento y comprensión de todo tu Ser, de tu Alma, de toda tu vida. Solo te falta la acción, que dependerá únicamente de ti. Nosotras te acompañamos. Te damos herramientas para trabajar. Pero el mayor trabajo depende de tu esfuerzo. Son herramientas que te permiten conocer el camino. El resultado de este camino solo depende de ti.

-*Testimonios*-

El árbol de la vida fue un instrumento más que me llamó la atención para trabajarme a nivel de crecimiento personal. Y con el tener más información sobre mí, y poder identificar situaciones y procesos de mi vida. Gracias a la información recibida puedo comprender más fácilmente momentos que he vivido y ahora darles otra proyección. Doy una valoración alta, a Reyes y Laia, por su profesionalidad y sobre todo la atención en el acompañamiento. Recomendable si estás interesado en ti mismo y en tu progreso. Gracias, chicas.

M. Ángeles.

Unas amigas me hablaron sobre el Árbol de la vida y tuve mucha curiosidad. Me quedé muy sorprendida del análisis de vida. Me llevó a la reflexión y el análisis de mi vida, presente y futura. Biotikún, unas personas serias y profesionales. Gracias por estar aquí.

Gloria.

Mi intención era la curiosidad de ver qué se podía saber de mí a través del árbol de la vida. Me ha ayudado a saber en qué puntos de mi vida puedo mejorar. Mi valoración es un 10. Me gusta muchísimo. Muchas gracias.

Rosa.

Mi Árbol me ha ayudado a conocerme mejor a mí misma. Saber perdonarme y saber perdonar. Entender mejor mi vida. Me ha ayudado a cambiar, no ser tan impulsiva y pensar más en los demás. Entender que todos tenemos nuestros caminos y aceptarlos. La valoración al equipo es un 10, pues con su dulzura y profesionalidad me han ayudado mucho. Son cercanas y amables. Gracias.

Gloria R.

El Objetivo principal al pedir mi Árbol era conocer más sobre mí y poder entender los momentos de crisis. Saber también si había cosas que formaban parte de mis ancestros o vidas pasadas. El Árbol me ha ayudado a confirmar que todo pasa para evolucionar y crecer en esta vida. ¡BioTikún es un súper equipo!

Tania.

*Si quieres conocer tu Árbol de la Vida, con la compra de este libro te obsequiamos con un 22% de descuento. Con el siguiente código, puedes ponerte en contacto con nosotras en **Biotikun@gmail.com** y hablamos.*

Código:	

14

Las emociones

"Cuando tu cuerpo habla, pero tu mente no escucha"

¿Qué son las emociones?

Son reacciones psicofisiológicas que representan modos de adaptación a ciertos estímulos del individuo cuando percibe un suceso o un recuerdo importante. Alegría, tristeza, miedo, ira...

Toda emoción se manifiesta en nuestro cuerpo físico, a partir de un estímulo externo. Las emociones son instintivas.

¿Por qué es tan importante identificar y controlar las emociones?

Porque todo está en nuestra mente. Nuestro cuerpo produce síntomas constantemente en respuesta a las emociones. Las emociones están asociadas con los órganos, de manera que el desequilibrio de las emociones afecta por igual nuestra parte física.

"Si no tomas consciencia desde la mente, el cuerpo nos avisa somatizando."

En la medicina oriental afirman que el cuerpo físico y las emociones son una sola entidad del ser humano.

Para que el ser humano esté sano, debe adaptarse continuamente a los cambios de la vida cotidiana, de no hacerse estas adaptaciones, la enfermedad se manifiesta como desarmonía en el cuerpo.

Toda enfermedad puede llegar desde tres factores. Factores externos del medio ambiente, virus, polución... De factores tóxicos como las drogas o de factores emocionales de los cuales nos centramos en este capítulo. No hay emociones buenas o malas, todas son necesarias.

Aparece una enfermedad cuando la energía se estanca. Todo dependerá de tu forma de lidiar con tu estrés emocional. En algunas ocasiones los síntomas aparecen a raíz de un trauma. Mucho del dolor interior que sentimos es causa de emociones del pasado que quedan almacenadas en nuestro inconsciente esperando ser rescatadas. Estas emociones no han sido procesadas.

El cuerpo funciona con energía. Tu cuerpo es un campo energético, cuando sientes una emoción tu cuerpo vive esa vibración. Si tu energía fluye correctamente gozas de una buena salud, pero cuando esta energía se estanca y las emociones negativas perduran, es cuando aparecen estos desequilibrios energéticos provocando la enfermedad.

-*Gestión emocional*-

Observar, reconocer, identificar y aceptar la emoción que estás experimentando, es el primer paso a realizar.

Observar la emoción consiste en aprender a sentirla y reconocerla. Aceptar que es parte de ti. Encontrar de dónde viene.

Cuando somos niños, tenemos la capacidad innata de vivir el presente, de atención plena, ligado a la inteligencia emocional. A medida que crecemos perdemos esta capacidad. Nos desconectamos de nuestra esencia. Y debemos volver a conectar con nuestro cuerpo, nuestros sentidos, nuestras emociones.

Hemos creado una meditación guiada para ti, para ayudarte a identificar las emociones y tomar consciencia de tu cuerpo. Puedes realizarla tantas veces como sientas, copiando el siguiente link en nuestro canal de YouTube.

"Práctica plena de consciencia emocional"
Https://youtu.be/0q2YKDRxbPM

-Emociones y sus efectos en el cuerpo-

Las emociones negativas consumen tu energía que precisas para sanar.

En este capítulo hablamos de algunas emociones y sus efectos directos a nuestro cuerpo físico.

El Miedo

Cuando la mente no puede soltar el miedo, este se instala en el cuerpo. El miedo es contracción, a diferencia del amor, que es expansión. El miedo influye directamente a los riñones, vejiga y el sistema endocrino. La sanación es agradecer y soltar.

La Ira

La ira es la inacción ante la manipulación externa. Cuando sentimos ira, nuestro hígado se manifiesta. También afecta a la Vesícula Biliar. La sanación es aceptación y acción. No esperar que los demás hagan por mí.

La inseguridad

Dudar de nosotros mismos o de alguna situación concreta de forma prolongada o excesiva empieza los problemas en el sistema inmunológico, en los órganos sexuales. La sanación es apreciar, valorar lo que somos, agradecer. Confiar en nuestras posibilidades. Y reconocer que los cambios y las equivocaciones nos ayudan a crecer y evolucionar.

El Estrés

El estrés es una emoción que surge de situaciones prolongadas, que nos pide un gasto energético demasiado elevado, o que nos colapsa. Cuando estamos estresados, se ve afectado nuestro cerebro, y a consecuencia, aparecen jaquecas, olvidos, rigidez, desconexión emocional. También afecta al estómago, el Bazo, páncreas y debilita tu corazón. La sanación es soltar, discernir, parar y observar la situación. Orden.

La Preocupación

La preocupación surge cuando dejamos de vivir el presente. Cuando nuestra mente se enfoca en el futuro con el fin de tener un control ante los acontecimientos, ante los deseos. Ante la preocupación, el estómago se resiente y podemos sufrir acidez, inflamaciones, úlceras. La sanación es el Carpe diem. Vivir el presente.

Las emociones positivas te dan fuerza interior, autoestima y felicidad.

El amor

Sentir y actuar con amor trae paz y armonía. Fortalece tu mente y tu cuerpo. Hace que tu vibración se eleve, atrayendo más experiencias positivas a tu vida.

La Alegría

Estar alegre, reír, divertirse, reduce el estrés. Sonreír agranda la felicidad. Así que sonríe, haz todo aquello que te guste, en lo que te sientas bien.

Debemos recalcar que no hay ninguna emoción mala. Todas son necesarias. Debes aprender a gestionarlas. Trabajarlas para que no se descontrolen. Concédete el permiso de sentir cada una de ellas cuando vengan a tu vida. Para conocer una emoción debes experimentarla en todo su potencial. Siéntela, obsérvala, analízala. ¿De dónde viene?, ¿por qué está aquí?, ¿qué te hace pensar?, ¿cómo te hace reaccionar? Compréndela, acéptala y déjala ir. Solo así conseguirás que no te afecte en tu cuerpo vital.

-La Ventana de Johari -

Vivimos a contracorriente. La sociedad está formada de tal manera que no nos deja parar a reflexionar. Todo se mueve alrededor del dinero. Incluso la medicina, por desgracia. Nuestra salud está dentro de un juego. Debe haber enfermos que compren medicinas. No valemos vivos y sanos, tampoco muertos. La enfermedad es la que genera un negocio sucio. Todos los aspectos dependen de un factor económico. Por suerte, cada vez hay más seres conscientes, los que abrimos los ojos ante la vida. Buscamos alternativas. Terapias holísticas. Y llegamos al punto en que aprendemos que toda enfermedad surge de una emoción, energía estancada.

Por este motivo, entre muchos otros, es tan importante conocernos a nosotros mismos.

"Recuerdo a José Luis Bustillo, el profesor de filosofía en Bachillerato. Él nos habló de La ventana de Johari. Algo que me quedó grabado y que de alguna manera me abrió los ojos en cuanto a cómo nos relacionamos según como somos. Y cómo podemos aprender a conocernos un poco más" L.

La ventana de Johari es una herramienta creada por Joseph Luft y Harry Ingham en psicología cognitiva.

Nos ayuda a comprender la comunicación y la dinámica de las relaciones personales.

Nosotras lo utilizamos en nuestras terapias como ejercicio para ayudarte a tener una percepción más amplia de ti mismo. Y así comprender los aspectos analizados en el árbol.

	Lo que conozco de mí mismo.	Lo que no conozco de mí mismo.
Lo que los demás conocen de mí.	Área libre	Área ciega
Lo que los demás desconocen de mí.	Área oculta	Área desconocida

El **área Libre** es la parte de ti mismo que los demás también ven. Es un área de intercambios de información. Las personas que tiene este cuadrante más reforzado, son personas que se muestran tal como son y no tienen miedo a que los demás la conozcan.

El **área ciega** es la parte que los otros perciben de ti, pero tú no ves. A veces es la parte que cuesta más de aceptar y la que te trae más conflictos con los demás. Ya que cuesta aceptar información sobre nosotros mismos cuando es una característica negativa que no conocemos.

El **área oculta** es la parte que conoces de ti mismo y no quieres compartir con los demás. Pueden ser sentimientos, ideas, secretos, miedos...

El **área desconocida** es la parte misteriosa que ni tú mismo ni los demás logran percibir. Aquí se encuentran habilidades desconocidas, sentimientos reprimidos, fobias y comportamientos que están condicionados escondidos en tu niño interior. Este cuadrante es uno de los que puedes descubrir con el análisis del Árbol de la vida, y así hacerlo consciente.

Un ejercicio que puedes hacer para trabajar la ventana de Johari en casa es apuntar en un papel 5 o 6 rasgos de tu personalidad que crees que te representan mejor.

- Pedir a alguien que escriba 5 o 6 rasgos que según ellos son los que mejor te definen.
- Cuando tengas estas cualidades, clasifícalas en 4 grupos.

- Tus rasgos que coinciden con los de la otra persona. (Área Libre)
- Los rasgos que tú no has señalado. (Área ciega)
- Los rasgos que tú has señalado y el otro no. (Área oculta)
- El resto de rasgos los colocamos en el último cuadrante. (Área desconocida)

Puedes hacer el ejercicio con varias personas distintas. Así obtendrás más información y poder observar lo que coincide en los cuadrantes elaborados con cada uno.

15

Estudio de la práctica aplicada

-Numerología cabalística –

"La magia de los números te muestra el camino"

¿Qué es la numerología de la cábala?

Es un sistema, para el desarrollo de la persona, que estudia los números en su dimensión holística. Cada número contiene una frecuencia vibracional energética que nos indica el significado del ser humano a todos los niveles (físico, emocional, psicológico y espiritual). A cada letra se le da un valor numérico y con ello vemos la vibración.

Nos da las pautas para conocer todos los aspectos de la persona en cuanto a su personalidad, aprendizajes y caminos de vida.

Cada número contiene una vibración. Esa vibración contiene la energía de los arquetipos y de nuestro propósito de vida.

Para desarrollar un árbol de la vida, se deben hacer unos cálculos concretos. Nuestra base forma parte del estudio numerológico de Jaime Villarrubia. A partir de aquí, fuimos integrando otros factores numerológicos y construyendo nuestro método de analización. El estudio del Árbol de la vida conlleva mucho tiempo. En este libro te vamos a dar unas pautas para que tú mismo puedas calcular y conocer algunas de tus vibraciones energéticas numéricas.

-Ejercicios prácticos-

• Calcula tu ciclo

En el Árbol de la vida podemos identificar unos ciclos que se van repitiendo a lo largo de toda la vida, que nos marcan unos aprendizajes por los que hemos de pasar y trabajar para aprender y evolucionar. Hay 2 tipos de ciclos. Los ciclos de corta duración medidos en meses y los ciclos de larga duración medidos en años. Los ciclos cortos son aprendizajes más suaves. Pequeñas pruebas. Los aprendizajes de los ciclos largos son pruebas de superación personal, exámenes finales. Para conocer estos aprendizajes que nos marca la vida podemos hacer el siguiente cálculo.

Ciclo corto

Calcularemos a través de la fecha de nacimiento. Sumaremos el **día y el mes** de nacimiento. El resultado no podrá ser mayor de 22, si es un número elevado lo reduciremos a una sola cifra.

Ejemplo: Juan nació el día 22 de junio. El cálculo se realizará de la siguiente manera:

22+6=28 Como el resultado es mayor de 22, haremos la reducción. 2+8=10.

El aprendizaje de Juan será en el sendero número 10 y lo que se nos pondrá a prueba es dicho sendero. Juan tendrá momentos en su vida en los que deberá hacer un proceso de transformación para alcanzar sus objetivos.

Ciclo largo

Calcularemos a través del **mes y el año** de nacimiento. Sumaremos las cifras y reduciremos si es necesario.

Ejemplo: María nació en el mes 6 del año 1983.

El cálculo se realizará de la siguiente manera: 6+1+9+8+3=27 como el resultado es mayor a 22 procederemos a reducir el dígito de la siguiente manera: 2+7=9. María tiene un gran aprendizaje de introspección. Descubrir su verdadero Yo y trabajar el sentir.

El aprendizaje de María será en el sendero 9 y se le pondrá a prueba dicho sendero.

- Puedes calcular tus ciclos y cuando tengas el resultado, puedes ver el significado de tu aprendizaje en el capítulo de Senderos.

-Vibración numérica personal-

Los números que nos rodean durante el día a día también tienen una vibración que nos afecta directamente. Y como hemos dicho al principio de este libro, nada es casualidad. Todo tiene un por qué.

- **El número de la casa donde vives**

La vibración del número en el lugar donde vives te marca el aprendizaje o lo que debes sanar con la familia con la que convives.

Ejemplo: Julia vive en la casa número 44, pasamos a la reducción del dígito 4+4=8. Julia tiene el aprendizaje del sendero número 8. Julia debería trabajar los sentimientos y las emociones y realizar un aprendizaje con la pareja.

(Si vives en un piso, sumaremos todos los números. Ejemplo: Irene vive en el portal 3, piso 4, puerta 2. Sumaremos 3+4+2=9)

- **El número de la matrícula de tu coche**

    Este número lleva la vibración de la dirección en la que se dirige tu vida.

    Ejemplo: La Matrícula del coche de Sara es 9697, el cálculo seria 9+6+9+7=31, hacemos la reducción y volvemos a sumar 3+1=4, me indica que es estos momentos de mi vida tengo que poner orden y disciplina en mi vida.

- **El número del DNI**

    La vibración de este número te muestra información sobre lo que más te va a costar trabajar en esta vida.

    Ejemplo: el número de DNI de José es 39723675. El cálculo es 3+9+7+2+3+6+7+5=42. Hacemos la reducción del número: 4+2=6. José tendrá dificultades en elegir y renunciar. También el desapego.

- **El número de Teléfono Móvil**

    Este número te indica la vibración relacionado con la comunicación. Como te comunicas contigo mismo y con los demás.

    Ejemplo: Silvia tiene el número de móvil 626206022. El cálculo es: 6+2+6+2+0+6+0+2+2=24. Reducimos el número: 2+4=6. Silvia se comunica desde la libertad y con amor.

- **Fechas de nacimiento de padre, madre, hijos, pareja**

Las fechas de nacimiento de tus familiares te indican mensajes subliminales, el trabajo que viene a hacer estas personas en tu vida para poder evolucionar.

Ejemplo: La madre de Rubén nació el 1 de enero de 1960. 1+1+1+9+6+0=18. La madre de Rubén está en su vida para trabajarse su parte emocional.

- **Lugar de trabajo**

El número del lugar de trabajo nos informa del trabajo interior que tiene que hacer la persona en estos momentos. Si hay conflictos con él mismo. Nos habla de la relación con el jefe y compañeros.

Ejemplo: Judit trabaja en el edificio 3, puerta 2. 3+2=5. El aprendizaje de Judit es disfrutar. Puede que no disfrute de su trabajo. Debe trabajar la aceptación o la importancia que le da a según qué actitudes de su jefe o compañeros.

16

Los senderos

Cada sendero o camino de aprendizaje refleja unas cualidades.

Los senderos están agrupados en 9 familias. Y en ellos puedes ver qué debes trabajar o qué potenciales tienes.

El análisis del Árbol de la Vida es mucho más complejo. Y se debe analizar en su conjunto. Para poder saber toda la información debemos levantar tu Árbol de la vida personal.

En este apartado encontrarás en significado de cada familia y sus senderos para poder relacionarlos con los ejercicios del apartado anterior.

- *Familia número 1 - Senderos 1, 10 y 1*

Uno es el número de la identidad y la acción. Es la primera energía manifestada. El que se prepara para empezar un camino. Indica el conocimiento, la voluntad, la capacidad de relacionarte con los demás, creer en tu para poder cambiar tu vida y mirar al futuro. También nos habla de la capacidad de transformar.

Sendero 1

En positivo: Entrega, paciencia y aceptación. Sendero de voluntad, iniciativa e impulso.

En negativo: Pereza, falta de estímulo, estrés, frustración, hiperactividad.

Sendero 10

En positivo: sendero de cambios, visión de futuro y apertura de mente. Une los sentimientos con las emociones.

En negativo: Miedo al futuro, dudas e indecisión.

Sendero 19

En positivo: creatividad mental, sociabilidad y trabajo en equipo.

En negativo: Necesidad compulsiva de relacionarse con los demás, no saber estar solo o problemas de adaptación. Tendencia a aislarse. Miedo a expresar sus ideas.

- *Familia número 2 - Senderos 2, 11, 20*

Dos es el número de la sensibilidad, asimilación y transformación interna. Aprender a crecer, seguir los pálpitos de tu corazón, buscar la libertad sin dañar a los demás. Nos habla de instintos, intuición. También la autoestima y creer en uno mismo.

Sendero 2

En positivo: Intuición, misticismo y confianza. Conecta el alma con la conciencia. Cuando estás conectado brillas alto.

En negativo: dudas, conflictos, baja autoestima, prepotencia o miedo a lo desconocido. Confusión interior.

Sendero 11

En positivo: fuerza, valentía, osadía y lucha. Buscar el contacto con el otro, compartir. Seguridad y sabiduría para decidir. Perfeccionismo.

En negativo: inseguridad, rechazo a las relaciones sociales, miedos.

Sendero 20

En positivo: buena capacidad de expresión escrita y verbal. Juicio. Capacidad de estudios.

En negativo: miedo a la crítica, agresividad verbal, timidez, falta de entendimiento durante una conversación.

- Familia del número 3 - senderos 3, 12, 21

Tres es el número de la creatividad. Está relacionado con la familia. Convivir con tu familia. Capacidad de síntesis. Lógica, capacidad de estudio.

Sendero 3

En positivo: capacidad de sintetizar. Hace referencia a la lógica, la mente, los pensamientos. Vemos la relación de pareja. La relación entre los padres.

En negativo: eliminar cargas mentales. Pensar demasiado, nerviosismo, impaciencia.

Sendero 12

En positivo: tradiciones, historia, entrega. Familia. Movilidad. Quietud.

En negativo: miedo a los acontecimientos, estancamiento, tristeza, rigidez mental, vidas pasadas traumáticas.

Sendero 21

En positivo: acción, culminación, superación del dolor. Expansión de consciencia.

En negativo: falta de escucha interior. Ocuparse demasiado por los demás y olvidarte de ti. Dificultad para ser realista.

- *Familia del número 4 – Senderos 4, 13, 22*

Cuatro es el número de las raíces, de la materia. Hace referencia a poner orden en tu vida. Controlar la rabia. No exigir. Trabajar la autoridad, no imponer. Capacidad de liderazgo. La tolerancia. Ser flexible en su justa medida. La relación con el padre, con lo masculino, el desorden mental, desorden del hogar y la disciplina.

Sendero 4

En positivo: orden, disciplina, autoridad. Estabilidad. Personas carismáticas por naturaleza. Equilibrio y responsabilidad.

En negativo: demasiada autoexigencia y perfeccionismo. Arrogancia, rebeldía. Personas materialistas y orgullosas.

Sendero 13

En positivo: saber perdonar y acabar tareas. Conexión con tu Yo superior para ver las cosas con claridad. Saber cerrar capítulos de tu vida. Desprenderse del resentimiento.

En negativo: resentimiento, culpabilidad, rabia, odio. No saber perdonar.

Sendero 22

En positivo: entrega, paciencia, aceptación. Fe. Entrega a conocerte interiormente. Desarrollarte como ser humano.

En negativo: obsesión, impaciencia, desinterés, miedo a lo desconocido, necesidad de atención.

- *Familia del número 5 – Senderos 5 y 14*

Cinco es el número relacionado con los niños. Hace referencia al niño interior. Felicidad, vivir el momento. Disfrutar de la vida.

Sendero 5

En positivo: alegría, placer. Trabajar con ilusión, disfrutar de las pequeñas cosas de la vida. Gratitud. Evolucionar de forma divertida.

En negativo: infantilismo, depresión, tristeza, apatía.

Sendero 14

En positivo: adaptación, flexibilidad. Capacidad de expandir conciencia y de irse a los extremos, aceptar los fallos del otro.

En negativo: orgullo, inestabilidad, desconfianza.

- ***Familia del número 6 – senderos 6 y 15***

Seis es el número que trabaja las decisiones importantes. Trabaja el desapego, abandonar los hábitos. Libertad. Libre albedrío. Tus decisiones son lo que después recogerás. Capacidad de elegir y renunciar. Cuando eliges un camino renuncias a otro.

Sendero 6

En positivo: capacidad de desapego, amor e independencia. Procesos de renovación. Deshacerse de lo que ya no te sirve.

En negativo: dificultad para elegir, posesividad, celos.

Sendero 15

En positivo: buena memoria. Capacidad de estudio y de recordar. Experiencia como grado de sabiduría. Capacidad de enfrentarse a nuevos retos. Seguridad y autosuficiencia.

En negativo: rencor, odio, resentimiento, culpabilidad, reproche.

- *Familia del número 7 – Senderos 7 y 16*

Siete es el número de observación. Aprender a decir que no. Poner límites. Repartir nuestras tareas y saber emplear nuestro tiempo. Generosidad.

En positivo: responsabilidad. Capacidad de trabajo, esfuerzo, dedicación. Saber llevar las riendas de tu vida. Conseguir metas. Soltar lastres y evolucionar.

En negativo: obsesión por el trabajo, celos, envidia, sentimientos de culpabilidad. Irresponsabilidad.

Sendero 16

En positivo: superación vivencial. Facilidad para transformar tus experiencias en aprendizajes. Fortalecerse a través de la superación personal. Capacidad de romper moldes heredados y ataduras del pasado.

En negativo: agresividad, impotencia, depresión, personalidad cambiante. No saber superar los aprendizajes vivenciales. Vivir con dolor.

- *Familia del número 8 – Senderos 8 y 17*

Ocho es el número del aprendizaje. Investigación. No juzgar ni poner etiquetas. Tener compasión.

Sendero 8

En positivo: capacidad de discernir. Razón y justicia. Unión entre el bien y el mal. Capacidad de poner límites. Mente abierta.

En negativo: querer tener siempre la razón. Rigidez, intransigencia. Personas extremistas o con corazas emocionales.

Sendero 17

En positivo: creatividad emocional, individualismo. Capacidad de autoconocimiento. Paz interior. Capacidad artística. Dones.

En negativo: tristeza, desánimo, insatisfacción.

- Familia del número 9 – Senderos 9 y 18

Nueve es el número de la introspección. Conocerse a uno mismo y analizarse. Disfrutar de la soledad.

Sendero 9

En positivo: introspección, prudencia. Reencuentro del maestro interior. Capacidad de trabajar con las manos, con las terapias naturales. Construir tus propios recursos y adaptarte a las circunstancias.

En negativo: miedo a la soledad, miedo en general, tristeza, apatía, angustia y desorden.

Sendero 18

En positivo: capacidad de expresión emocional y sentimental.

En negativo: bloqueos emocionales, trastornos del sueño, sentimentalismo, tristeza, melancolía.

Equipo BioTikún

"Enfoca tu mirada en tus sueños. El camino hacia la realización personal puede ser el más largo o el más difícil. Se puede torcer en varias ocasiones. Nuestro consejo es que no te rindas nunca. Sigue luchando y mostrándole al universo cuáles son tus objetivos. El universo seguirá trabajando para ayudarte a conseguir todo lo que deseas.

Siéntelo, emociónate, ilusiónate. A veces tarda en llegar, pero si persistes, tus sueños se harán realidad. Confía. Sé fiel a tu corazón y actúa siempre con seguridad, valor, fe y sobre todo mucho amor."

Con Cariño, Laia y Reyes.

La vida no debería ser un viaje hacia la tumba con la intención de llegar a salvo con un cuerpo bonito y bien conservado, sino más bien llegar derrapando de lado, entre una nube de humo, completamente desgastado y destrozado, y proclamar en voz alta:

¡Uf, vaya viajecito!

Hunter S. Thompson

www.ingramcontent.com/pod-product-compliance
Lightning Source LLC
Chambersburg PA
CBHW020806160426
43192CB00006B/458